Omar A. Ayaita

AF281153

Philosophisches Wissen

Die Suche nach Wahrheit und ihre Grenzen

Gedruckt von *Books on Demand*, Norderstedt,
2010.

Herstellung und Verlag:
Books on Demand GmbH, Norderstedt
ISBN 978-3-8423-0023-1

Inhalt

Vorwort

Dies ist die deutsche Ausgabe meiner Arbeit *Philosophical Knowledge. The Search for Truth and its Limits.* Ich habe diese Übersetzung unter anderem deshalb angefertigt, weil ich mit meiner eigenen englischen Sprache nicht mehr zufrieden war und mich daher lieber zusätzlich auf Deutsch ausdrücken wollte; außerdem habe ich bei dieser Gelegenheit einige inhaltliche Details überarbeitet.

Dieses Büchlein versucht zu einem besseren Verständnis bestimmter philosophischer Themen beizutragen, die mit Wahrheit und Wissen zusammenhängen. Mit Hilfe von Logik und Gedankenexperimenten wird für die folgenden Thesen argumentiert:

- Jede Aussage, die überhaupt Sinn hat, ist entweder wahr oder falsch. Der Relativismus ist nicht plausibel.

- Doch wir wissen natürlich oft nicht, *welche* Sätze wahr sind und welche falsch.

- Dennoch ist Wissen möglich. Die These, dass wir nichts wüssten, ist übertrieben.

- Was zum Beispiel wissen wir in der Philosophie? Es gibt einige Kandidaten für philosophisches Wissen; das heißt, es gibt einige philosophische Positionen, an die wir mit guten Gründen glauben können und die vermutlich wahr sind.

- Unter den plausiblen philosophischen Thesen sind diese: Der menschliche Geist ist vollständig materiell. Psychologie kann dennoch nicht auf Physik reduziert werden.

- Die Wahrheit einiger anderer philosophischer Thesen ist vergleichsweise zweifelhaft: Unser Wissen über die Freiheit des Willens und die Existenz oder Nicht-Existenz Gottes ist extrem begrenzt, weil die Definitionen wichtiger Ausdrücke dort besonders umstritten sind.

Ein Großteil des Büchleins sollte einfach zu verstehen sein. Basiswissen in der theoretischen Philosophie und in Logik ist dennoch hilfreich, um einige der Details zu verstehen.

In den letzten Jahren studierte ich verschiedene Fächer – aber vorwiegend Philosophie – an drei Universitäten, die gleichermaßen wichtig für die Entwicklung meiner Ideen waren: an der Universität Tübingen, der Universität Konstanz und der *University of Massachusetts Amherst* (USA). Einige der Bücher und Aufsätze, die ich im Rahmen des Studiums las, waren beinahe irrelevant für meine intellektuellen Interessen; ein paar andere aber waren von großer Wichtigkeit für mich und für die vorliegende Arbeit. Einige der relevanten Texte werden im Büchlein erwähnt und in der Bibliographie aufgelistet.

Dieses Büchlein sieht aus wie eine Monographie, aber es ist in der Tat das Ergebnis von viel *team work*. Mein Interesse für Philosophie entstand in der Schulzeit, und wenn ich nicht Kurse in Latein und Altgriechisch besucht hätte, dann wäre dieses Büchlein niemals geschrieben worden. Mein besonderer Dank geht an meine ehemaligen Lehrer Gerhard Fiedler und Irene Polke.[1]

---

[1] Ich bitte um Entschuldigung dafür, dass ich über das gesamte Büchlein hinweg keine akademischen Titel erwähne.

Aus der Gruppe der Hochschullehrer, denen hier eine besondere Bedeutung zukommt, weil sie mir eine Menge relevante Literatur gezeigt und gegeben haben, möchte ich diesen danken: Frank Hofmann, Andreas Schmidt, Otfried Höffe, Fred Feldman, Peter Graham, Gary Hardegree und Hilary Kornblith.

Einige Lehrer und Hochschullehrer schlugen mich für Stipendien vor, die von einiger Wichtigkeit für mein intellektuelles Leben waren. Ohne die Studienstiftung des deutschen Volkes, das Baden-Württemberg-Stipendium und die *Fulbright* Kommission wäre es unmöglich oder viel schwieriger gewesen, unabhängig und in verschiedenen Städten zu studieren, ganz zu schweigen von anderen Vorteilen wie Sommerseminaren und ähnlichem.

Im Leibniz Kolleg, einer Institution in Tübingen, die von Michael Behal geleitet wird, begegnete ich einer Reihe von Menschen, mit denen ich wichtige Diskussionen hatte. Gespräche mit Sebastian Ulrich waren besonders wichtig für einige Kapitel des Büchleins.

Ich danke dem Forum Scientiarum in Tübingen, geleitet von Niels Weidtmann und Dirk Evers, wo ich einige Einsicht in wichtige empirische Forschungen über den menschlichen Geist erhielt.

Ich möchte auch Doris Ayaita danken; ohne ihre Hilfe wäre dieses interessante Jahr in den Vereinigten Staaten nicht möglich gewesen.

Nach einigen Jahren Studium schien es mir, dass einige der Dinge, die in akademischen Diskussionen und im alltäglichen Leben gesagt werden, ziemlich konfus sind, so dass es wohl interessant wäre, diese Dinge zu klären. Das war eine der grundlegenden Motivationen, diese Arbeit zu schreiben und sie so zu schreiben, wie ich sie geschrieben habe.

Der Leser sollte nicht jeden Teil dieses Büchleins lesen; es gibt interessantere Dinge da draußen. Aber er kann das Büchlein als einen Supermarkt ansehen, eine Sammlung von Dingen von verschiedenem Wert, und einfach solche Ideen und Argumente herausgreifen, die wichtig für ihn sind.

Wahrheit, Wissen, Religion: Jemand könnte sich fragen, warum ich in einem so kleinen Buch über so viele schwierige Themen zu schreiben versuche. Zunächst einmal gebe ich keine vollständige Erklärung (was immer das sein möge) all dieser Phänomene. Ich beschränke mich auf einzelne Aspekte und biete einige Argumente an. Ein Teil dieser Argumente ist nicht neu, aber wichtig und manchmal missachtet; andere Argumente basieren auf recht neuer Literatur, und einige schließlich sind von mir selbst erfunden worden. Außerdem sind die meisten Probleme in diesem Büchlein erstaunlich einfach. Das ist der Grund, weshalb ein Typ wie ich über sie schreiben kann.

Omar A. Ayaita   Fuldatal, Juli 2010

Teil I: Über Wahrheit und Wissen allgemein

1 Über Wahrheit

1.1 Einleitung

Einige Menschen denken, dass es verschiedene Sichtweisen gebe und dass etwas wahr aus einer Perspektive, aber falsch aus einer anderen Perspektive sein könne – dass einige Aussagen weder absolut wahr noch absolut falsch seien, oder sowohl wahr als auch falsch, abhängig von der Perspektive. Diese Position kann ‚Relativismus' genannt werden. Joseph Ratzinger beschrieb, wie einige gegenwärtige Relativisten denken. Heutzutage, beobachtete er, wird Wahrheit als etwas aufgefasst, das nur privat und niemals objektiv (öffentlich) sein könne:

> „Der Begriff Wahrheit ist in die Zone der Intoleranz und des Antidemokratischen gerückt. Sie ist kein öffentliches, sondern nur ein privates Gut bzw. ein Gut von Gruppen, aber eben nicht des Ganzen. Anders ausgedrückt: Der moderne Begriff von Demokratie scheint mit dem Relativismus unlöslich verbunden zu sein; der Relativismus aber erscheint als die eigentliche Garantie der Freiheit, gerade auch ihrer wesentlichen Mitte – der Religions- und Gewissensfreiheit." (Ratzinger 2005: 51)

Ratzinger kritisiert diese Position. Er vermutet, dass der Re-lativismus langfristig die Freiheit zerstöre. (vgl. besonders 57 ff.) Hier beschäftige ich mich nicht mit der Plausibilität oder Implausibilität seiner eigenen Position. Aber ich gehe davon aus, dass seine Beobachtung bezüglich des gegenwärtigen Relativismus, die ich oben zitiert habe, korrekt ist. Ausge-hend von dieser Beschreibung können wir einen Schritt in Richtung theoretische Philosophie gehen und ‚Relativismus' so definieren:

> **Relativismus** =df. Einige Propositionen haben keinen abso-luten Wahrheitswert. Das heißt: Es gibt einige Propositionen, die entweder sowohl wahr als auch falsch sind, oder weder wahr noch falsch.

Bevor ich mit einer Diskussion des Relativismus fortfahre, sollte ich eine grobe Definition des Ausdrucks ‚Proposition' geben. In diesem Buch verwende ich den Ausdruck ‚Propo-sition' nahezu identisch wie den Ausdruck ‚Satz', aber nicht völlig identisch. Um ein Standardbeispiel zu verwenden: ‚Schnee ist weiß' und ‚Snow is white' sind zwei verschiedene Sätze (aus dem einfachen Grund, dass der erste ein deut-scher und der zweite ein englischer Satz ist). Aber beide Sät-ze drücken dieselbe Proposition aus: die Proposition, dass Schnee weiß ist. Propositionen sind, was Sätze behaupten. Genau dann, wenn zwei Sätze denselben Sachverhalt be-haupten, drücken sie dieselbe Proposition aus. Die Sätze ‚Obama sitzt im Weißen Haus' und ‚Der gegenwärtige Prä-sident der Vereinigten Staaten sitzt im Weißen Haus' be-haupten denselben Sachverhalt, da Obama identisch mit dem gegenwärtigen Präsidenten der Vereinigten Staaten ist; beide Sätze drücken demnach dieselbe Proposition aus.[2]

Es sollte auch zur Kenntnis genommen werden, dass natürlich nicht jeder Satz eine Proposition ausdrückt. Der Satz ‚Bitte bring Kaffee, Steven!' drückt keine Proposition aus, da dieser Satz nichts behauptet; es handelt sich um eine Aufforderung, nicht um eine Behauptung. Und der Satz ‚Wie viel Uhr ist es?' drückt ebenfalls keine Proposition aus, da hier etwas gefragt und nicht behauptet wird. Wie steht es um diesen Satz: ‚Marilyn Monroe ist identisch mit hugcernabble.' Dieser Satz macht keinen Sinn. Man könnte daher entweder sagen, dass dieser Satz eine Proposition ausdrückt, die sinnlos ist (oder nicht signifikant); oder man sagt einfach, dass der Satz überhaupt keine Proposition ausdrückt.

Die Definition von ‚Relativismus', die ich oben gegeben habe, enthält das Wort ‚Wahrheitswert'. Ein Wahrheitswert ist die Wahrheit oder Falschheit einer Proposition. Die Proposition ‚Es gibt gegenwärtig mehr als drei Bücher in Wien' ist wahr; das ist dasselbe wie zu sagen, dass die Proposition den Wahrheitswert ‚wahr' besitzt. Die Proposition ‚Es befinden sich gegenwärtig mehr als drei Leute auf dem Mond' hat den Wahrheitswert ‚falsch'. Zu sagen, dass jede Proposition genau einen Wahrheitswert besitzt, ist dasselbe wie zu sagen, dass jede Proposition entweder wahr oder falsch ist. Der

---

[2] Zu sagen, dass Propositionen das seien, was Sätze behaupten, ist wohl eine Vereinfachung. Siehe Frank Hofmann (2008), wo er sagt „Propositionen können nicht so einfach mit Satz-Bedeutungen gleichgesetzt werden." (27) Aber diese Vereinfachung erscheint in unserem Kontext nicht problematisch.

Relativismus bestreitet das. Die Frage, mit der sich dieses Kapitel beschäftigt, ist die Frage, ob der Relativismus plausibel ist. Die Antwort ist Nein.

1.2 Gründe für den Relativismus

Diese Propositionen scheinen nicht einen absoluten Wahrheitswert zu besitzen:

[1] Kosovo ist ein Staat.

[2] Es wäre moralisch richtig, wenn jede Person in den Vereinigten Staaten mehr als 1.000 Dollar pro Monat erhielte.

[3] Schrödingers Katze ist zu einer bestimmten Zeit $t1$ tot.

Ist Kosovo ein Staat? Einige sehen ihn als Staat an, andere nicht. Ich weiß nicht genug über das Thema, aber es scheint keine absolute Antwort auf die Frage zu geben, ob Kosovo ein Staat ist. (Wenn dies ein schlechtes Beispiel ist, so können Sie vielleicht ein anderes wählen.) Das Problem mit dem Wahrheitswert von ‚Kosovo ist ein Staat' kann, denke ich, nicht durch eine genauere Definition des Wortes ‚Staat' gelöst werden. Selbst wenn alle Länder der Welt sich bei einem Treffen auf genau eine Definition einigten, wäre es wahrscheinlich, dass immer noch einige sagen „Ja, nach dieser Definition ist Kosovo ein Staat", während andere das verneinen. Und möglicherweise ist niemand von ihnen absolut im Recht. Wenn das wahr ist, dann zeigt die Proposition [1], dass der Relativismus wahr ist.

Die Proposition [2] sieht sehr anders aus, da sie aus einem moralischen Urteil besteht, aber ich denke, dass das Prinzip dasselbe ist. Einige Leute glauben, dass es moralisch richtig wäre, wenn jede Person in den Vereinigten Staaten mehr als 1.000 Dollar pro Monat erhielte; andere denken, dass es nicht richtig wäre. (Wieder andere würden keine Entscheidung treffen oder erst über die Details des Plans reden wollen.) Ich bin nicht sicher, ob eine bestimmte Position hinsichtlich dieses Problems absolut wahr ist. Es ist nicht unplausibel, dass es keine absolut wahre Antwort auf die Frage gibt, ob es moralisch richtig wäre, dass jede Person mehr als 1.000 Dollar erhält. Und ich vermute, dass dieses Problem nicht durch eine *Definition* von moralischer Richtigkeit gelöst werden kann; die Frage ist nicht, was ‚moralische Richtigkeit' *bedeutet*, sondern ob ein bestimmter Typ von Handlungen richtig *ist*.[3] Wenn die Proposition [2] keinen absoluten Wahrheitswert hat, dann ist der Relativismus wahr.

Die Proposition [3] bezieht sich auf ein Phänomen in der Physik. Gemäß bestimmen Interpretationen der Quantenphysik sind einige Eigenschaften von Teilchen auf Mikroebene (Elektronen, Protonen etc.) nicht bestimmt. Zum Beispiel denken einige, dass ein Elektron nicht zu einer bestimmten Zeit an einem bestimmten Ort ist. Und was vielleicht weniger kontrovers ist, beim Zerfall von radioaktivem Material tritt Unbestimmtheit auf: Es scheint so zu sein, dass

---

[3] Das 1.000-Dollar-Beispiel ist vielleicht ein schlechtes Beispiel. Denn es gibt Argumente für die These, dass moralische Beurteilung nur auf einzelne Handlungen (*act tokens*) anwendbar ist; während ‚Jede Person bekommt 1.000 Dollar', so wie ich es verstehe, keine einzelne Handlung ist. Aber es wird für den Leser nicht schwierig sein, bessere Beispiele zu finden.

zu einer bestimmten Zeit das Material weder *zerfallen* ist noch *nicht zerfallen* ist (oder es ist zerfallen und nicht zerfallen). Erwin Schrödingers Gedankenexperiment postuliert eine Katze in einer Box, und es gibt dort einen Mechanismus, der die Katze zu genau dem Zeitpunkt tötet, wenn das Material zerfallen ist. Aber da das Material zu einer bestimmten Zeit (*t1*) zerfallen und nicht zerfallen ist, ist die Katze tot und nicht tot zum Zeitpunkt *t1*. Dieses Beispiel zeigt, wie quantenmechanische Phänomene Auswirkungen auf der Makroebene haben können, zumindest nach einigen Interpretationen. Wenn dies wahr ist, dann hat die Proposition [3] keinen absoluten Wahrheitswert und der Relativismus ist wahr.[4]

1.3 Gegen den Relativismus

Es ist klar, dass einige Propositionen einen absoluten Wahrheitswert besitzen. Zum Beispiel:

[4] Den Holocaust hat es gegeben.

Dies ist eine absolut wahre Behauptung, und zu leugnen, dass die Wahrheit von [4] objektiv ist, wäre inakzeptabel. Daher hat der Relativismus eine Mischlings-Struktur: Er muss akzeptieren, dass einige Propositionen einen absoluten Wahrheitswert haben, während er gleichzeitig behaupten

---

[4] Was ich über Quantenmechanik schreibe, ist beeinflusst von Diezemann (2006) und Deutsch (1996). Ich danke Youness Ayaita, der mich auf den Artikel von Deutsch aufmerksam gemacht hat.

will, das einige andere Propositionen keinen absoluten Wahrheitswert haben. Diese Mischlings-Struktur ist problematisch.

Ein Relativist sollte erklären, *weshalb* einige Propositionen einen absoluten Wahrheitswert haben und andere nicht; was ist das Kriterium, das darüber entscheidet, ob eine Proposition einen absoluten Wahrheitswert besitzt oder nicht? Der Relativist könnte sagen, dass moralische Urteile – und nur moralische Urteile – keinen absoluten Wahrheitswert besitzen. Aber das ist unplausibel. Wir wollen einigen moralischen Prinzipien absolute Wahrheit zugestehen, zum Beispiel:

> [5] Es ist moralisch falsch, eine Frau deshalb zu bestrafen, weil sie vergewaltigt worden ist.

(Es ist mir nämlich erzählt worden, dass in einigen Staaten Frauen dafür bestraft werden, dass sie vergewaltigt worden sind, da die Vergewaltigung als ihr Fehler gedeutet wird und als Ehebruch. Dieses Verfahren sollte als inakzeptabel angesehen werden, und kein Relativismus ist hier möglich.)
Der Relativist könnte vorschlagen, dass Offensichtlichkeit (Evidenz) das entscheidende Kriterium sei: Genau diejenigen Propositionen, deren Wahrheit oder Falschheit offensichtlich (evident) ist, hätten einen absoluten Wahrheitswert. Die Wahrheit von [4] und [5] ist evident, und in anderen, weniger evidenten Fällen gebe es keinen absoluten Wahrheitswert. Aber weshalb sollte es einen Zusammenhang geben zwischen der Tatsache, wie evident oder akzeptiert der Wahrheitswert einer Proposition ist, und der Tatsache, ob

diese Proposition einen absoluten Wahrheitswert *besitzt*? Sehen wir auf diese Proposition:

$$\{\, \exists x \forall y\,(\, Fy \leftrightarrow y = x\,)\} \leftrightarrow \{\, \exists x\,\{\, Fx \wedge \forall y\,(\, Fy \rightarrow y = x\,)\}\}$$

Diese Proposition ist absolut wahr, wie mit Identitätslogik gezeigt werden kann.[5] Aber ist es *evident*, ob die Proposition wahr ist? Ist es offensichtlich? Für die meisten Menschen nicht. Ist es weithin akzeptiert? Nur unter einigen Akademikern. Es scheint also nicht so zu sein, dass die Frage nach dem absoluten Wahrheitswert einer Proposition verknüpft sei mit der Frage, ob der Wahrheitswert evident ist. Manchmal ist die Wahrheit nicht evident, und auch nicht weithin akzeptiert, aber nichtsdestoweniger absolut. Der Relativist kann anscheinend nicht erklären, welche Propositionen einen absoluten Wahrheitswert haben und warum.

Außer diesem Problem gibt es ein weiteres, logisches Problem, von dem der Relativismus betroffen ist. Ich werde den Rest dieses Abschnitts 1.3 dazu nutzen, dieses Problem denjenigen unter uns zu präsentieren, die an formaler Logik interessiert sind.

Wenn der Relativismus wahr ist, dann bricht die Aussagenlogik sozusagen zusammen. Wenn es eine Proposition gibt, die sowohl wahr als auch falsch ist (oder weder wahr noch falsch), dann kann von jeder Proposition bewiesen werden, dass sie wahr ist! Das lässt sich zeigen durch diese logische Ableitung:

---

[5] Der Beweis kann gefunden werden in Hardegree (2010: 9 f.).

(1) Annahme: $p \wedge \neg p$
(2) p
(3) $p \vee q$
(4) $\neg p$
(5) q

(Ich habe herausgefunden, dass ein solcher Beweis bereits mehrfach veröffentlicht worden ist: zum Beispiel – in einer Weise, die ziemlich verschieden aussieht von meiner – von Karl R. Popper in 1934/1994: S. 58, Fußnote 2.[6])
Gemäß der Aussagenlogik ist das wahr für jedes Paar von Propositionen p und q. Lasst uns annehmen, dass p nicht identisch mit q ist. Und lasst uns annehmen, dass p ‚Kosovo ist ein Staat' bedeutet. Demnach ist die Annahme (1) einfach die Annahme, dass es sich bei der Kosovo-Proposition um eine Proposition handelt, die keinen absoluten Wahrheitswert hat: Annahme (1) sagt ‚Kosovo ist ein Staat, und Kosovo ist nicht ein Staat'. Daraus folgt, dass der Mond aus Speiseeis besteht! Denn q kann für jede beliebige Proposition stehen, und q folgt mit Notwendigkeit von $(p \wedge \neg p)$.
Lassen wir q für ‚Der Mond besteht aus Speiseeis' stehen. In Zeile (2) sagten wir, dass Kosovo ein Staat ist; dies ist eine

---

[6] Popper bietet nicht nur eine andere Ableitung, sondern verwendet auch andere logische Symbole als ich. Mit Hilfe unserer Symbole lässt sich seine Ableitung so darstellen:
(1) $p \rightarrow (p \vee q)$ (dies ist eine logische Wahrheit)
(2) $\neg p \rightarrow (\neg p \vee q)$ (dies ist auch eine logische Wahrheit)
(3) $\neg p \rightarrow (p \rightarrow q)$ (dies folgt logisch von 2)
(4) $(\neg p \wedge p) \rightarrow q$ (dies folgt logisch von 3).

einfache Folgerung aus der Annahme ‚Kosovo ist ein Staat, und Kosovo ist nicht ein Staat'. Da nun also gegeben ist, dass p, können wir sagen ($p \vee q$), das heißt 'p oder q'. Dies ist grundsätzlich möglich: Wenn Sie wissen, dass Gras grün ist, dann können Sie sagen ‚Gras ist grün, oder mein Name ist Otto', auch wenn Ihr Name gewiss nicht Otto ist. Wir können also sagen ‚Kosovo ist ein Staat, oder der Mond besteht aus Speiseeis' (Zeile 3). Aber in (1) sagten wir auch, dass Kosovo *nicht* ein Staat ist. Wir wiederholen diesen Teil der Annahme in Zeile (4). Nun schauen wir auf (3) und (4) zusammen: Zeile (3) sagt, dass mindestens eine der Propositionen ‚Kosovo ist ein Staat' und ‚Der Mond besteht aus Speiseeis' wahr ist. Da wir abgeleitet haben, dass Kosovo *nicht* ein Staat ist (Zeile 4), folgt, dass der Mond aus Speiseeis besteht (5). Diese Schlussfolgerung ist inakzeptabel; the Annahme muss abgelehnt werden. Das heißt, der Relativismus muss grundsätzlich abgelehnt werden, so lange wir an die Aussagenlogik glauben. Andernfalls kann jede Proposition, selbst die unglaublichste, als wahr erwiesen werden.

Aber wenn es keine Proposition geben kann, die sowohl wahr als auch falsch ist: Wie können wir dann mit dem Problem von Schrödingers Katze umgehen und – für den Fall, dass dieses Problem durch die Annahme paralleler Universen verhindert werden kann – wie können wir mit den anderen Problemen umgehen, die durch [1] und [2] ausgedrückt werden? Vor zwei Jahren dachte ich, dass wir das Prinzip der Kontradiktion bewahren sollten, das heißt, dass wir ($p \wedge \neg p$) nicht zulassen sollten, aber dass wir das Gesetz vom ausgeschlossen Dritten aufgeben sollten. Ich dachte also, dass wir Propositionen zulassen sollten, die *weder wahr noch falsch* sind: $\neg\,(\,p \vee \neg\,p\,)$. Wir könnten dann sagen, dass die Katze weder am Leben noch tot ist, anstatt zu sagen, dass sie sowohl am Leben als auch tot ist.

Aber diese Idee war kindisch gewesen. Denn wenn wir das Gesetz vom ausgeschlossenen Dritten aufgeben, dann fällt das Prinzip der Kontradiktion auch. Das kann in der Aussagenlogik bewiesen werden.

(1) Annahme: $\neg\,(\,p \vee \neg\,p\,)$

(2) $\neg\,p \wedge \neg\neg\,p$

(3) $\neg\,p \wedge p$

(4) $p \wedge \neg\,p$

Wenn wir sagen, dass eine Proposition weder wahr noch falsch ist, dann heißt das, dass es nicht der Fall ist, dass sie wahr ist, und dass es nicht der Fall ist, dass sie falsch ist (1 und 2 drücken dasselbe aus). Aber zu sagen, dass es nicht der Fall ist, dass sie wahr ist, ist gemäß mathematischer Logik dasselbe wie zu sagen, dass sie falsch ist. Und zu sagen, dass es nicht der Fall ist, dass sie falsch ist, ist einfach dasselbe wie zu sagen, dass sie wahr ist: $\neg\neg\,p$ und p bedeuten dasselbe. Und daher schließen wir mit der Aussage, dass die Proposition sowohl wahr als auch falsch ist (3 und 4); und das heißt, wir kommen genau zu der Aussage, die der Anfang all des Übels war (des Übels mit dem Mond, der angeblich aus Speiseeis besteht).[7]

---

[7] Wie das Gesetz vom ausgeschlossenen Dritten und das Prinzip der Kontradiktion zusammenhängen, wurde mir klar, als ich Timothy Williamson las (2007: 32).

1.4 Die Alternative zum Relativismus

Sollten wir den Relativismus ablehnen und stattdessen behaupten, dass jede Proposition einen absoluten Wahrheitswert hat? Das ist es in der Tat, was ich am plausibelsten finde. Es wäre sozusagen die „Rückkehr" einer alten Tradition, die vielleicht bis Platon zurückreicht, der dachte, dass Wahrheit eine permanente Existenz hat, unabhängig von unseren Meinungen.

> **Die Rückkehr der absoluten Wahrheit** =df. die These, dass jede Proposition einen absoluten Wahrheitswert hat.

Jedoch sind Propositionen wie [1], [2] und [3] natürlich ein Problem, und das mag wohl ein Grund sein, deshalb viele Leute den Relativismus reizend finden. Hat der Relativist eine Chance? Er kann natürlich das logische Problem vermeiden, indem er einfach die Logik selbst ablehnt. Er könnte die mathematische Logik durch eine andere, ‚nichtkonsistente' Logik ersetzen, oder etwas ähnliches. Aber es ist alles andere als klar, wie das funktionieren könnte. Mathematische Logik ist extrem erfolgreich, nicht nur als Grundlage der Naturwissenschaft, sondern auch auf dem Gebiet der Argumentation. Wenn wir die mathematische Logik aufgeben, dann werden wir, denke ich, mit noch schwierigeren Problemen konfrontiert sein. Und außerdem müsste dann erklärt werden, warum einige Propositionen sehr wohl absolut wahr sind – wieso in diesen Fällen kein Relativismus möglich ist (so wie bei der Wahrheit des Holocaust und der moralischen Falschheit extremer Ungerechtigkeit).[8]

Meine einfache Erwiderung auf die Probleme des Relativismus ist, dass der Relativismus vermutlich falsch ist: Jede Proposition hat einen absoluten Wahrheitswert. Es gibt einige Fälle, in denen niemand oder fast niemand *weiß, welchen* Wahrheitswert eine bestimmte Proposition hat. Aber daraus folgt nicht, dass irgendeine Proposition keinen absoluten Wahrheitswert *hat*. Sehen wir uns diese Proposition an:

[6] Am 21. November 1940 dachte Präsident Franklin Roosevelt für einige Sekunden an Speck.

Es kann sein, dass niemand weiß, ob diese Proposition wahr ist. Aber natürlich *ist* die Proposition entweder wahr oder falsch. Entweder dachte er an Speck zu dieser Zeit, oder er tat es nicht. Und dieser Wahrheitswert ist absolut: Er ändert sich nicht, und er hängt nicht von der Perspektive ab. Dasselbe könnte der Fall sein bei den Propositionen [1], [2] und [3], falls diese Propositionen überhaupt Sinn haben.

Am Beginn dieses Kapitels deutete ich an, dass ein Grund, weshalb Leute Relativisten werden, darin bestehen könnte, dass sie Fundamentalismus ablehnen. Denn jemand könnte denken: „Wenn du sagst, dass jede Proposition entweder absolut wahr oder absolut falsch ist, dann lässt du keinen Diskurs zu; du erwartest von jedem, dass er das denkt, was

---

[8] Motiviert durch quantenmechanische Phänomene haben Engesser u. a. ein neues logisches System entwickelt, das einen Schritt in Richtung Relativismus geht. (2007) Leider habe ich mich bisher nicht imstande gesehen, die Details dieses Projekts zu verstehen.

deiner Meinung nach richtig ist. So funktioniert religiöser Fundamentalismus. Auch Stalin dachte so. Das ist inakzeptabel." Aber eine solche Kritik ist unangebracht. Unsere Behauptung, dass jede Proposition einen absoluten Wahrheitswert hat, ist verschieden von der (fundamentalistischen) Forderung, dass es keinen demokratischen Diskurs geben solle. Denn dass jede Proposition einen absoluten Wahrheitswert hat, bedeutet nicht (und hat nicht zur Folge), dass irgendjemand den Wahrheitswert bestimmter Propositionen *weiß*. Das Problem mit dem kommunistischen Ein-Parteien-System war nicht, dass sie dachten, es gebe nur absolute Wahrheit; das Problem war, dass sie dachten, *sie wüssten, was wahr ist.*

So lange wir uns an den Unterschied zwischen dem Vorhandensein eines absoluten Wahrheitswerts und dem Wissen von einem Wahrheitswert erinnern, können wir den Relativismus ohne Gefahr ablehnen. Jede Proposition, die überhaupt Sinn hat, ist, denke ich, entweder absolut wahr oder absolut falsch. Aber niemand hat das Recht zu denken, er oder sie wisse in jedem Fall, welche Propositionen absolut wahr sind und welche absolut falsch.

1.5 Weiterführende Bemerkungen

1) Wissen ist ein wesentlich schwierigeres Thema als Wahrheit. In diesem Kapitel habe ich für die These argumentiert, dass jede Proposition, wenn sie überhaupt Sinn hat, entweder absolut wahr oder absolut falsch ist. Dies ist ziemlich einfach, und die Einfachheit sollte niemanden überraschen. Denn es ist zum Beispiel zu beachten, dass „*p*' dasselbe be-

deutet wie „*p*' ist wahr'. In der Logik würde man beide in genau derselben Weise darstellen. Das deutet ja schon darauf hin, dass Wahrheit ziemlich einfach ist. Aber Wissen ist nicht so einfach: Es ist zwar plausibel, anzunehmen, dass eine Proposition, wenn sie gewusst ist, dann auch wahr ist; aber das Umgekehrte ist nicht wahr: Nicht jede wahre Proposition ist gewusst. Selbst wenn Paulas Meinung, dass *p*, wahr *und gerechtfertigt* ist, so folgt nicht, dass Paula weiß, dass *p*. Dies ist es, was Edmund Gettier in (1963) zeigte. Stellen wir uns die folgende Situation vor:

Paula möchte wissen, wie viel Uhr es ist. Sie schaut auf die Uhr in der Wohnung ihrer Eltern – eine Uhr, die normalerweise sehr zuverlässig ist. Sie zeigt ‚5 Uhr'. Paula kommt zu der Überzeugung *p*, dass es 5 Uhr ist. Diese Meinung ist gerechtfertigt: Paula hat keinen Grund für besondere Skepsis, da die Uhr ja zuverlässig ist. Aber es stellt sich heraus, dass die Uhr *immer* ‚5 Uhr' anzeigt; seit dem vorigen Tag ist sie stehen geblieben. Doch Paula hat Glück: Es ist tatsächlich 5 Uhr! Sie schaute auf die Uhr um 5 Uhr. Welche Eigenschaften hat dann Paulas Meinung *p* in dem Moment, als sie auf die Uhr sieht und denkt, dass es 5 Uhr sei? Die Meinung ist erstens gerechtfertigt (sie hat guten Grund zu glauben, dass es 5 Uhr ist, denn sie hat guten Grund, der Uhr zu vertrauen). Die Meinung ist zweitens wahr. Aber Paula *weiß* nicht, dass es 5 Uhr ist. Sie denkt vielleicht, dass sie es wisse, aber sie weiß es in Wirklichkeit nicht. Die Wahrheit ihrer Meinung ist nur Glückssache. Ich möchte nicht tiefer in Theorien des Wissens einsteigen; das Beispiel mag genügen, um zu illustrieren, dass Wissen ein kompliziertes Phänomen ist, komplizierter als Wahrheit.[9]

2) Ich sollte etwas zu einem Problem sagen, das sich aus bestimmten Paradoxa zu ergeben scheint, so wie Russells berühmtes Paradoxon: Enthält die Menge, die genau diejenigen Mengen enthält, die sich selbst nicht enthalten, sich selbst? Dies ist für unsere Zwecke dasselbe wie das Barbier-Paradoxon: Rasiert der Barbier, der genau diejenigen Männer rasiert, die sich selbst nicht rasieren, sich selbst? Wir sollten auf dieses Problem Schritt für Schritt schauen. Dies ist der Barbier:

[7] der Barbier, der genau diejenigen Männer rasiert, die sich selbst nicht rasieren.

Rasiert der Barbier sich selbst? Angenommen, der Barbier [7] rasiert sich selbst. Dann ist er ein Mann, der sich selbst rasiert; daher folgt aus unserer Definition, dass er sich selbst nicht rasiert. (Denn er rasiert ja nur Männer, die sich selbst nicht rasieren.) Angenommen, der Barbier rasiert sich selbst nicht. Dann ist er ein Mann, der sich selbst nicht rasiert; und gemäß unserer Definition rasiert er sich also. (Denn er rasiert ja alle Männer, die sich selbst nicht rasieren.) In anderen Worten: Wenn der Satz

[8] Der in [7] definierte Barbier rasiert sich selbst.

---

[9] Siehe auch Kapitel 3 dieses Büchleins, welches den Zusammenhang zwischen Wahrheit und Wissen diskutiert.

wahr ist, dann ist er falsch. Und wenn [8] falsch ist, dann ist [8] wahr. Dies sieht wie eine Proposition aus, die sowohl wahr als auch falsch ist; und *dies* sieht nach Relativismus aus. Jemand könnte das Problem zu lösen versuchen, indem er dem Satz [8] gar keinen Wahrheitswert zuschreibt; er könnte sagen, dass [8] eine Proposition sei, die weder wahr noch falsch ist. Aber das würde natürlich auch zum Relativismus führen. Hat der Gegner des Relativismus, der Vertreter der absoluten Wahrheit, irgendeine Chance, den Barbier-Fall zu erklären?

Ja: Der Satz [8] ist überhaupt keine Proposition. Denn der Name ‚der in [7] definierte Barbier' bezeichnet nichts; es gibt keinen Barbier, der genau diejenigen Männer rasiert, die sich selbst nicht rasieren, und es könnte auch unmöglich einen geben. Solch ein Barbier ist unmöglich. *Wenn* es einen solchen Barbier gäbe, dann läge hier ein Widerspruch vor: Der Barbier rasierte sich selbst, und er rasierte sich nicht. Für diejenigen unter uns, die Grundlagenkenntnisse in Logik besitzen, gebe ich diese grobe logische Ableitung, die zeigt, wie die Existenz des Barbiers zu einem Widerspruch, zu einer Kontradiktion, führen würde – und dass seine Existenz deshalb unmöglich ist.[10]

---

[10] Die rechte Spalte stellt das Argument mit logischen Symbolen dar. p bedeutet ‚Der in [7] definierte Barbier existiert' und q bedeutet ‚Der Barbier rasiert sich'.

(1)	Annahme: Der in [7] definierte Barbier existiert.	p
(2)	Wenn der in [7] definierte Barbier existiert, dann rasiert er sich entweder, oder er rasiert sich nicht.	$p \rightarrow (q \vee \neg q)$
(3)	Folglich rasiert er sich entweder, oder er rasiert sich nicht. (1, 2, *modus ponens*)	$q \vee \neg q$
(4)	Erster Fall: Er rasiert sich.	q
(5)	Wenn er sich rasiert, dann rasiert er sich nicht.	$q \rightarrow \neg q$
(6)	Folglich rasiert er sich nicht. (4, 5, *modus ponens*)	$\neg q$
(7)	Folglich: Widerspruch. (zwischen 4 und 6)	X
(8)	Zweiter Fall: Er rasiert sich nicht.	$\neg q$
(9)	Wenn er sich nicht rasiert, dann rasiert er sich.	$\neg q \rightarrow q$
(10)	Folglich rasiert er sich. (8, 9, *modus ponens*)	q
(11)	Folglich: Widerspruch. (zwischen 8 und 10)	X
(12)	Folglich ist die Annahme, dass der in [7] definierte Barbier existiere, falsch. (*reductio ad absurdum*)	$\neg p$

Dies ist ein formal gültiges Argument, obgleich es detaillierter präsentiert werden könnte (zum Beispiel durch die Verwendung von Prädikatenlogik). Da es sich um eine logische

Ableitung handelt, ist die Konklusion – wenn die Prämissen notwendige Wahrheiten sind – *notwendigerweise* wahr. Das bedeutet, dass notwendigerweise kein solcher Barbier existiert wie der in [7] definierte. Das Übel tritt niemals auf; es ist nicht möglich, dass der Ausdruck [7] irgendetwas bezeichnet, und der Satz [8] ist eine sinnlose Proposition. Zu sagen, dass der Barbier, der genau diejenigen Männer rasiert, die sich selbst nicht rasieren, sich selbst rasiert, oder zu sagen, dass er sich *nicht* rasiert, macht genau so wenig Sinn wie zu behaupten, dass der gelbe Elefant in meinem Raum sich selbst rasiert, oder dass er sich nicht rasiert. (Die Behauptung mit dem Elefanten ist sogar etwas plausibler als der Barbier-Fall. Denn es ist zumindest logisch möglich, dass es einen solchen Elefanten gibt.)

3) Ich habe nun die Diskussion des Relativismus beendet und sollte sagen, welche Theorie der Wahrheit ich vertrete. Anstatt einen kompletten Ansatz zu entwickeln und anstatt alle oder viele existierende Theorien der Wahrheit zu bewerten, notiere ich nur einige Gedanken, die mit dem Geist dieses Kapitels in Einklang stehen. Ich schrieb oben, dass Wahrheit ein eher einfaches Thema ist, da „*p*' ist wahr' einfach dasselbe bedeutet wie ‚*p*'. Das könnte man eine minimalistische Theorie der Wahrheit nennen, oder eine Redundanz-Theorie der Wahrheit.

Minimalistischer Ansatz =df. **Redundanz-Theorie** =df. die These, dass „*p*' ist wahr' nichts anderes bedeutet als ‚*p*'.

Gemäß dieser Theorie fügt man nichts Signifikantes hinzu, wenn man von einer Proposition sagt, dass sie wahr sei; es ist einfach redundant. Anstatt zu sagen „Die Proposition ‚Lauras Auto ist blau' ist wahr", könnte ich einfach behaupten „Lauras Auto ist blau". Beide bedeuten dasselbe.[11] Aber wenn dieser minimalistische Ansatz korrekt ist, wozu benötigen wir dann überhaupt das Wort ‚wahr'? Wenn „p' ist wahr' dasselbe bedeutet wie ‚p', warum dann nicht Zeit sparen und immer die zweite Option wählen: die Wahrheit weglassen? Sprechen wir nur deshalb über Wahrheit, weil „p' ist wahr' eine etwas andere Konnotation hat als ‚p'?

Ich denke, es gibt einen anderen Grund, weshalb wir Wörter wie ‚wahr' verwenden. Und dieser Grund ist vereinbar mit dem minimalistischen oder Redundanz-Ansatz. Stellen wir uns vor, dass Pete mir erzählt hat, dass Sarah eine Idiotin sei und nicht sehr vertrauenswürdig, und dass ich mich entschließe, ihm zuzustimmen. Ich möchte ausdrücken, was Pete gesagt hat und dass ich mit ihm übereinstimme. Ich könnte sagen:

[9] Pete hat gesagt „Sarah ist eine Idiotin und nicht sehr vertrauenswürdig", und (in der Tat), Sarah ist eine Idiotin und nicht sehr vertrauenswürdig.

---

[11] Es sollte dennoch angemerkt werden, dass „p" eine etwas andere Konnotation besitzt als „p ist wahr". Wenn ich sage „Es ist wahr, dass Lauras Auto blau ist" oder auch „Die Proposition ‚Lauras Auto ist blau' ist wahr", dann betone ich, dass ich ziemlich sicher bin hinsichtlich der Farbe ihres Autos. Wenn ich nur sage „Lauras Auto ist blau", dann gibt es vermutlich keine solche Konnotation; es könnte sein, dass ich vermute, dass ihr Auto blau ist, aber dass ich nicht sehr sicher bin.

Aber das ist ein eher langer Satz, und er hört sich nicht sehr schön an. Besser sage ich:

> [10] Pete hat gesagt „Sarah ist eine Idiotin und nicht sehr vertrauenswürdig", und das ist wahr.

Die Sätze [9] und [10] drücken dasselbe aus, aber [10] ist kürzer und einfacher als [9]. Der Gebrauch des Wortes ‚wahr' hat keine neue Information hinzugefügt, aber er ist in pragmatischer Hinsicht hilfreich. (Natürlich gibt es ähnliche Möglichkeiten, dasselbe auszudrücken. Ich könnte sagen „Pete hat gesagt … und er *hat recht.*" Oder „Pete hat gesagt … und ich stimme ihm zu.")

Gibt es mehr über Wahrheit zu sagen? (Oder in adäquateren Worten: Gibt es mehr zu sagen über ‚wahr sein'? Denn das Substantiv ‚Wahrheit' ist irreführend. Es gibt keinen Gegenstand, auf den sich der Ausdruck ‚Wahrheit' bezöge; es gibt nicht ‚die Wahrheit', so wie es die Vereinigten Staaten von Amerika gibt oder die Freiheitsstatue. Wann immer ich ‚Wahrheit' sage, beziehe ich mich einfach auf den Begriff ‚wahr sein'.) Wenn „‚p' ist wahr' auf ‚p' reduziert werden kann und wir Wahrheit nur dazu benötigen, einige unserer Sätze zu vereinfachen, kann es dann eine gehaltvolle Theorie der Wahrheit geben?

Wenn es irgendeine gehaltvollere Theorie der Wahrheit geben kann, dann muss es eine realistische Theorie sein. Eine realistische Theorie der Wahrheit behauptet, dass die Wahrheit oder Falschheit (der Wahrheitswert) einer Proposition von der Welt abhängt. Ob die Proposition ‚Es gibt viele arme Menschen auf der Welt' wahr ist, hängt von der tatsäch-

lichen Armut ab, die es auf der Welt gibt. (Die Welt „macht"
diese Proposition wahr.[12]) Das sollte selbstverständlich sein;
und ich erwähne es nur, weil das realistische Programm offenbar umstritten ist. Zum Beispiel habe ich von einer Ko-
härenz-Theorie der Wahrheit gehört, die ungefähr behauptet, dass eine Proposition genau dann wahr sei, wenn sie
kohärent ist. Aber diese Bedingung ist, um nur einen Punkt
zu nennen, nicht hinreichend. Es kann sein, dass jemand
vollkommen kohärente Überzeugungen hat; sie sind alle
konsistent, keine der Überzeugungen ist widersprüchlich
und so weiter. Dann kann es jedoch immer noch der Fall
sein, dass einige oder auch alle dieser Überzeugungen falsch
sind. Vielleicht lebt diese Person (mental) in einer fiktiven
Welt, die nicht viel mit der Realität gemeinsam hat. In diesem Fall wäre es unplausibel, ihre Überzeugungen als wahr
anzusehen. Kohärenz garantiert nicht Wahrheit. Wahrheits-
werte hängen von der Welt ab.

Kann eine realistische Theorie der Wahrheit darüber hinaus
weiterentwickelt werden? Ich würde es bei der minimalistischen Theorie – zusammen mit dem realistischen Verständnis der Wahrheit – belassen. Frank Hofmann glaubt allerdings, dass es mehr zu sagen gebe, und dass der minimalistische Ansatz gleichzeitig als Basis erhalten bleiben solle.
(2008)

---

[12] Das bedeutet nicht, dass Menschen nicht verantwortlich für die
Armut wären. Sie sind es, in vielen Fällen. Zu sagen, dass die
Welt die Proposition wahr macht, und zu sagen, dass Menschen
die Proposition wahr machen, ist kein Widerspruch. Menschen
sind ja Teile der Welt.

„Wahr ist etwas genau dann, wenn die Welt sich so verhält, wie sie sich ihm gemäß verhält. (Oder auch: wenn die Dinge so sind, wie sie vom Wahrheitsträger repräsentiert werden.) Dieses ‚so-wie' oder ‚So-sein-wie' enthält im Grunde die ganze Idee der Wahrheit – und in ihm steckt auch die ganze Schwierigkeit. Wenn wir Wahrheit besser verstehen wollen, kommt es darauf an, dieses ‚So-sein-wie' zu entschlüsseln. Dies soll im Folgenden in Angriff genommen werden." (15)

Wenn ich das korrekt verstehe, dann ist die Idee ungefähr diese: Wir möchten Wahrheit verstehen. „,p' ist wahr' bedeutet ‚p'. Aber unter welcher Bedingung ist es der Fall, dass p? Es ist der Fall, dass p, genau dann wenn die Welt so ist, wie p behauptet, dass die Welt sei. (Wenn p die Proposition ist, dass die Welt sieben Milliarden Menschen beinhalte, dann ist p der Fall genau dann, wenn die Welt sieben Milliarden Menschen beinhaltet.) Das sollte, meint Hofmann, in mehr Details analysiert werden. Wie genau muss die Welt sein, um eine bestimmte Proposition wahr oder falsch zu machen? Was genau ist das Verhältnis zwischen der Welt und der Proposition? Hofmann meint, dass eine Korrespondenz-Theorie der Wahrheit uns hier helfen könne (das wurde schon in dem obigen Zitat klar, wo er den Ausdruck ‚so wie' betonte), und er führt diese Korrespondenz-Theorie mit Hilfe von „Wahrmachern" näher aus. (vgl. 19 ff.)

Was ist die grundlegende Idee von Korrespondenz- und Wahrmacher-Theorien der Wahrheit? Damit eine Proposition wahr ist, muss es eine Korrespondenz (gemeint ist eine Übereinstimmung oder Passung) zwischen der Proposition und der Welt geben. Ich halte das für offensichtlich wahr.

Wenn eine Proposition behauptet, dass Lisa blondes Haar hat, dann ist diese Proposition wahr genau dann, wenn es (in der Welt) blondes Haar auf Lisas Kopf gibt. (Ich lasse Probleme beiseite, die mit der Objektivität oder Subjektivität von Farben zusammenhängen.) Wenn die Proposition von Lisas blondem Haar handelt und es dort solches blondes Haar auf ihrem Kopf gibt, dann kann dies eine Korrespondenz zwischen der Proposition und der Welt genannt werden. Man kann auch sagen, dass das blonde Haar auf Lisas Kopf der Wahrmacher der Proposition ist, dass Lisa blondes Haar hat. Oder man sagt, die *Tatsache*, dass Lisa blondes Haar hat, ist der Wahrmacher der Proposition. (Hofmann würde die zweite Formulierung bevorzugen.) Dies könnte zu einer solchen Theorie der Wahrheit verallgemeinert werden:

Korrespondenz- und Wahrmacher-Theorie der Wahrheit
=df. ‚p' ist wahr genau dann, wenn es ein x in der Welt gibt, so dass: wenn es x gibt, dann p.

Das ist natürlich eine Vereinfachung, und Hofmann fügt viele Details hinzu.[13] Aber lasst uns die grundlegende Struk-

---

[13] Vgl. Hofmann (2008: besonders 34 ff.). Dass der Korrespondenz- und Wahrmacher-Ansatz, den ich skizziert habe, zu einfach ist, wird klar in Fällen wie ‚Der Weihnachtsmann existiert nicht'. Diese Proposition ist wahr, aber es gibt keinen Wahrmacher (es kann gar keinen Wahrmacher geben, denn die Proposition behauptet ja, dass es keinen Weihnachtsmann gibt). Für solche, negative Propositionen ist eine gesonderte Diskussion erforderlich. Außerdem gibt es Probleme mit notwendig wahren Propositionen, die Hofmann mit seinem eigenen Wahrmacher-Ansatz lösen möchte.

tur von Wahrmacher- und Korrespondenz-Theorien diskutieren – und die Frage, ob sie ein Verständnis von Wahrheit ermöglichen, das über das einfache Prinzip hinausgeht, das der minimalistische Ansatz uns angeboten hatte (dass „p' ist wahr' dasselbe bedeutet wie ,p').

An der oben aufgeführten Definition der Korrespondenz- und Wahrmacher-Theorie lässt sich erkennen, dass dieser Ansatz nicht viel mehr sagt als „,p' ist wahr genau dann, wenn ... p". Die Struktur ist dieselbe wie die des minimalistischen Ansatzes. Hofmann gesteht das zu; er gesteht zu, dass es eine Form von Zirkularität in dem Prinzip gibt (er nennt es „implizit zirkulär"), und dass Sie bereits ein Verständnis von Wahrheit besitzen müssen, um die Theorie der Wahrheit zu verstehen.

> „Wer ... überhaupt kein Verständnis von Wahrheit besäße, der könnte allein mit einer solchen Definition nicht zum Verständnis von Wahrheit geführt werden. Ohne zumindest über ein implizites Verständnis von Wahrheit zu verfügen, wie es für das Verstehen von Propositionalität und Repräsentation erforderlich ist, könnte man mittels der implizit zirkulären Definition nicht zu einem Verständnis von Wahrheit gelangen." (29)

Jede Theorie der Wahrheit, von der ich gehört habe, ist entweder falsch oder in diesem Sinne zirkulär. Ich bezweifle, dass wir viel mehr über Wahrheit sagen können. Natürlich können wir einige Fragen diskutieren, die mit Wahrheit *zusammenhängen*; so wie die Plausibilität oder Implausibilität des Relativismus, was das Hauptthema dieses Kapitels war, oder einige Details über das Wahrmachen. Aber Wahrheit selbst sagt anscheinend nicht viel mehr als „p' ist wahr genau dann, wenn p'. Und ob p der Fall ist oder nicht, das wird „entschieden" von der Welt.

2 Über den Zusammenhang zwischen Philosophie und Logik

2.1 Einleitung

Im diesem Büchlein spielt Logik eine entscheidende Rolle: Ich verwende Logik an vielen Stellen, um für meine Thesen zu argumentieren, die mit Wahrheit und Wissen zusammenhängen. Aber ist es legitim, Logik in der Philosophie anzuwenden? Und wenn es das ist: *Wie* sollte Logik angewandt werden?

Niemand kann ernsthaft leugnen, dass Philosophie und Logik eng zusammenhängen. Ich werde keine Definition der Ausdrücke ‚Philosophie' und ‚Logik' geben; dieser Versuch hätte keinen Erfolg. Ich nehme an, dass wir alle eine relativ übereinstimmende – und relativ adäquate – grobe Idee haben, was ‚Philosophie' ist und was ‚Logik' ist. In der Philosophie sind normalerweise nur *Argumente* relevant. Die Logik beschäftigt sich mit der Frage, was aus was (mit Notwendigkeit) folgt. Sie antwortet auf die Frage, welche Argumente gültig sind und welche nicht. Was wir hier haben, sind also zwei Disziplinen, von denen die eine sich auf konkrete Argumente konzentriert (Philosophie) und die andere beweist, welche Argumente gültig sind (Logik). Das deutet darauf hin, dass Philosophie und Logik tatsächlich eng zusammenhängen. Philosophie braucht Logik.

Ausgehend von dieser Beobachtung sind einige Leute offenbar zu der Überzeugung gekommen, Philosophie sei identisch mit Logik; oder Philosophie sei reduzierbar, oder sollte reduziert werden, auf Logik. Ich halte diese Positionen für Fehler. Zu glauben, Philosophie sollte oder könnte nur aus logischem Denken bestehen, ist ein neuer Skandal der Philosophie, genauer gesagt, ein Skandal einiger Teile der analytischen Philosophie. In diesem Kapitel werde ich für die These argumentieren, dass – obwohl der Zusammenhang zwischen Philosophie und Logik eng ist – Philosophie nicht auf Logik reduzierbar ist. Philosophie braucht Logik, aber die Philosophie braucht außerdem vieles andere.

Es ist nicht notwendig, hier zu schildern, *wer* sagt oder denkt, dass die Philosophie eine bloße logische Unternehmung sei. Und eine solche Recherche wäre auch nicht einfach. Denn wer glaubt, dass ,gute' Philosophie nur aus Logik bestehe, wird das vermutlich nicht explizit so sagen. Sein Wunsch, im philosophischen Denken nur logisches Denken zuzulassen, wird sich eher zwischen den Zeilen zeigen, oder auch in der Weise, wie er Philosophie betreibt. Ich habe allerdings gehört, dass einer, nämlich Betrand Russell, nicht nur implizit, sondern explizit die Reduktion von Philosophie auf Logik gefordert hat. Er soll gesagt haben, dass jedes philosophische Problem entweder nicht wirklich philosophisch oder ein logisches Problem sei.

Natürlich ist es möglich, ,Logik' sehr weit zu definieren – so weit, dass die Logik jede Disziplin umfasst, die sich mit Argumenten beschäftigt. Dann ist es denkbar, aber auch trivial, dass Philosophie auf Logik reduzierbar ist. Aber der Punkt ist, dass diejenigen, die offenbar denken, Philosophie sei auf Logik reduzierbar, nicht eine solche weite Definition von ,Logik' im Sinn haben. Sie meinen mit ,Logik' *formale* Logik.

Sie glauben und legen nahe, dass Philosophie mit formaler Logik identisch sein könne oder solle, oder dass die Philosophie auf formale Logik reduziert werden könne oder solle. Das ist die problematische – und falsche – Position. (Wann immer ich in diesem Kapitel ‚Logik' sage, beziehe ich mich auf formale Logik.)

Was ist (formale) Logik? Ich sagte oben, dass der Versuch, präzise Definitionen zu geben, keine Aussicht auf Erfolg hätte. Aber ich sollte zumindest anmerken, dass ich unter ‚Logik' nicht das verstehe, was Kant meinte, als er den Ausdruck ‚Logik' in seiner *Kritik der reinen Vernunft* verwandte. Der größte Teil seines Buches trägt die Überschrift ‚Transzendentale Logik'. Aber sein Buch hat offensichtlich keinen engen Zusammenhang zur formalen Logik; stattdessen besteht es aus mehr oder weniger strengen, mehr oder weniger überzeugenden Argumenten. Seiner Meinung nach ist das genug, um seine Untersuchung ‚Logik' zu nennen. Doch das war natürlich eine andere Zeit, und wir verwenden den Ausdruck ‚Logik' anders. Hier bedeutet ‚Logik' nur formale Logik. Gemäß dieser groben Definition ist dies hier ein typisches Stück Logik:

(1) $p \to q$
(2) p
(3) Folglich: q.

Die Proposition (3) folgt aus den Prämissen (1) und (2) mit der Schlussregel *modus ponens*. Dies hier ist ein anderes Beispiel für (formale!) Logik:

(1) Susie verschenkt Pauls Lieblingsbuch an Hannahs Tochter.

(2) Pauls Lieblingsbuch ist identisch mit Mortimer Adlers drittem Buch.

(3) Folglich: Susie verschenkt Mortimer Adlers drittes Buch an Hannahs Tochter.

Proposition (3) folgt aus (1) und (2) mit dem Leibniz-Gesetz, einer Regel in der Identitätslogik. Aber ist dieses Argument ein Stück (formale) Logik? Ja. Es scheint zwar aus Sätzen zu bestehen und nicht aus formalen Symbolen. Aber dennoch ist das Argument identisch mit einem Argument in der formalen Logik – wenn wir ein adäquates Lexikon bereitstellen. Für diejenigen unter uns, die an Logik interessiert sind, werde ich das kurz erklären. Dies ist ein mögliches Lexikon:

s	:	Susie
$V\,[\alpha, \beta, \gamma]$	:	α verschenkt β an γ
p	:	Paul
$l\,(\alpha)$	:	α's Lieblingsbuch
h	:	Hannah
$t\,(\alpha)$	:	α's Tochter
m	:	Mortimer Adler
$d\,(\alpha)$	:	α's drittes Buch

Dann kann das Argument so wiedergegeben werden:

(1) $V\,[\,s,\, l\,(p),\, t\,(h)\,]$
(2) $l\,(p) = d\,(m)$
(3) Folglich: $V\,[\,s,\, d\,(m),\, t\,(h)\,]$

Das ist dasselbe Argument wie das ausgeschriebene oben. Ob ein Argument mit Symbolen präsentiert wird oder in natürlicher Sprache, ist irrelevant für die Frage, ob das Argument ein Stück (formale) Logik ist oder nicht. Ein Argument ist einfach dadurch formal-logisch gültig, dass die Konklusion notwendigerweise aus den Prämissen folgt, und zwar durch die Gesetze der Logik. Symbole ermöglichen üblicherweise die klarste Präsentationsform; aber Logik kann auch mit natürlicher Sprache operieren.

Nun sollte klar genug sein, was ,Logik' bedeutet; und es sollte klar genug sein, welche Position ich zurückweisen möchte. Aber was ist mein Argument? Wieso ist Philosophie nicht auf Logik reduzierbar? Weil die Philosophie versucht, uns wahre philosophische Aussagen zu liefern. Und Logik allein kann uns keine wahren philosophischen Aussagen geben. Es ist besonders die zweite Behauptung – dass Logik allein uns keine wahren philosophischen Aussagen geben kann –, für die ich argumentieren werde. Aber die erste Behauptung – dass die Philosophie wahre Aussagen zu liefern versucht – könnte ebenfalls bezweifelt werden, so dass ich noch kurz auf sie eingehen muss.

Ich hörte Leute sagen, dass die Philosophie nicht nach Wahrheit suche, oder dass die Philosophie nicht nach Antworten suche; dass die Philosophie nur interessante *Fragen* aufzuwerfen versuche. Leute, die das sagen, mögen etwas Richtiges erahnen, aber ihre Position ist dennoch so nicht haltbar. Wenn die Philosophie nicht mit wahren Aussagen beschäftigt wäre, dann wäre kein Diskurs in der Philosophie möglich. Jedermann könnte etwas präsentieren, und niemand könnte den anderen kritisieren, da niemand für sich beanspruchte, etwas Wahres zu sagen. Der erste würde sagen „Ist *a* wahr?", der zweite „Ist *b* wahr?" und der dritte „Ist *c* wahr?". Und es gibt dann keine Grundlage für einen Diskurs, da niemand daran interessiert ist, eine Aussage zu machen. Dies ist ein lächerliches – und zum Glück falsches – Bild. Vielleicht können wir es hierbei belassen und annehmen, dass die Philosophie versucht, wahre philosophische Aussagen zu liefern. Ich sagte oben, dass Logik allein uns keine wahren philosophischen Aussagen geben kann. Dies ist die Begründung:

2.2 Logisch gültig, aber falsch

Logik hat nicht viel mit Wahrheit zu tun. Es gibt unendlich viele logisch gültige Ableitungen, oder Argumente, die eine falsche Konklusion haben. Das ist ein Beispiel:

(1) Der menschliche Geist ist zeitlos. (Prämisse)
(2) Alles, was zeitlos ist, überlebt für immer. (Prämisse)
(3) Folglich überlebt der menschliche Geist für immer.

Anscheinend hat Platon so etwas geglaubt (wobei er vermutlich, übersetzt ins Deutsche, den Ausdruck ‚Seele' vorgezogen hätte statt ‚menschlicher Geist'). Das Argument ist formal gültig; es könnte so formalisiert werden:

(1) $\forall x\, (Gx \rightarrow Zx)$
(2) $\forall x\, (Zx \rightarrow Ux)$
(3) Folglich: $\forall x\, (Gx \rightarrow Ux)$
    (folgt gemäß Prädikatenlogik)

Aber dennoch ist das, was das Argument letztlich behauptet – dass der menschliche Geist für immer überlebe – falsch, oder zumindest müsste viel mehr getan werden, um es plausibel zu machen, dass der menschliche Geist für immer überlebe. Das obige Argument, obwohl logisch gültig, gibt uns keinen Grund, zu denken, dass der menschliche Geist für immer überlebe. Dies liegt vor allem an der ersten Prämisse: Das Argument hängt von der problematischen Behauptung ab, dass der menschliche Geist zeitlos sei. Es gibt, wie ich annehme, viel mehr Evidenz für die gegenteilige Behauptung, nämlich für die Behauptung, dass der menschliche Geist in Raum und Zeit existiert.

Es würde uns vom Wege abführen, wenn wir jetzt tief in die philosophischen Probleme einstiegen. Lasst uns einfach zusammenfassen, dass Logik uns nicht philosophische Wahrheit gibt. Wenn Sie aus einer bloß logischen Perspektive auf ein Argument schauen, dann können Sie nur sagen „Das Argument ist gültig" oder „Das Argument ist nicht gültig". Im obigen Fall ist das Argument gültig. Das heißt nicht mehr als: Notwendigerweise, wenn die Prämissen wahr sind, dann ist die Konklusion wahr. Aber *sind* die Prämissen wahr? Ist die Proposition $\forall x\ (\ Gx \rightarrow Zx\ )$ wahr? Dies ist etwas, das Logik allein uns nicht beantworten kann. Logik allein kann uns nicht sagen, ob der menschliche Geist zeitlos ist. Wir müssen aus dem Fenster hinausschauen, wir müssen hinausgehen und Naturwissenschaften berücksichtigen und klaren Kopfes über die Indizien nachdenken; Logik allein ist nicht der Schlüssel.

2.3 Logisch ungültig, aber wahr

Entscheidend ist nicht nur, dass Logik nicht hinreichend für philosophische Wahrheit ist. Logik ist auch nicht notwendig für philosophische Wahrheit. Dieses Argument ist logisch ungültig:

> (1) Menschen sind vollständig materiell.
> (2) Alles, was vollständig materiell ist, unterliegt den Naturgesetzen.
> (3) Folglich: Menschen haben keinen freien Willen.

Die Ungültigkeit kann leichter gesehen werden, sobald das Argument formalisiert ist:

> (1) $\forall x\,(\,Mx \rightarrow Vx\,)$
> (2) $\forall x\,(\,Vx \rightarrow Ux\,)$
> (3) Folglich: $\forall x\,(\,Mx \rightarrow \neg\,Fx\,)$

Die Konklusion folgt nicht aus den Prämissen. (Sie sehen zum Beispiel, dass die Konklusion das Prädikat F enthält, das in den Prämissen nicht einmal vorkommt.) Aber obwohl das Argument logisch ungültig ist, stellt die Konklusion vermutlich eine wahre philosophische These dar: die These, dass Menschen keinen freien Willen haben.[14] Philosophische Wahrheit benötigt also keine logische Gültigkeit. Natürlich ist die Wahrheit der These, dass Menschen keinen freien Willen haben, umstritten; wenn Sie das Beispiel nicht mögen, dann darf ich Ihnen dieses unkontroverse anbieten

---

[14] Genau genommen hängt die Wahrheit der Konklusion von der Definition der Willensfreiheit ab. Siehe Kapitel 7.

(welches weniger interessant und vermutlich nicht philosophisch ist):

(1) Jeder Mensch ist ein Tier.
(2) Jeder Mensch ist ein Fisch.
(3) Folglich: Jeder Fisch ist ein Tier.

Hier haben wir klarerweise eine wahre Konklusion. Aber das Argument ist nicht gültig: Die Konklusion folgt nicht aus den Prämissen. Logische Gültigkeit ist nicht notwendig für Wahrheit.

Wie ich schon sagte, hat Logik nicht so viel mit Wahrheit zu tun. Die einzige Verbindung zwischen Logik und Wahrheit besteht anscheinend in der Tatsache, dass in einem logisch gültigen Argument notwendigerweise, *wenn* die Prämissen wahr sind, dann die Konklusion wahr ist. Das lässt natürlich die Möglichkeit zu, dass ein logisch ungültiges Argument eine wahre Konklusion hat, sogar eine interessante philosophische Wahrheit; und es lässt die Möglichkeit zu, dass ein logisch gültiges Argument eine falsche oder sogar philosophisch lächerliche Konklusion hat. Das ist es also, weshalb Philosophie nicht auf Logik reduziert werden kann: Selbst wenn Ihr Argument nicht die Voraussetzungen erfüllt, die in der Logik gelten, kann es trotzdem eine philosophisch wahre Konklusion besitzen; und umgekehrt, wenn Sie alle logischen Anforderungen erfüllen, kann Ihre philosophische Konklusion falsch sein (nämlich in dem Fall, dass eine Ihrer Prämissen falsch ist).

2.4 Wahrheiten, die von der Logik selbst bereitgestellt werden

Ich sollte ein Detail hinzufügen. Es ist nicht ganz wahr, dass die einzige Verbindung zwischen Logik und Wahrheit in der Tatsache bestehe, dass die logische Gültigkeit eines Arguments den Wahrheitstransfer von den Prämissen auf die Konklusion garantiert. Die Logik kann auch Wahrheiten aussagen, die nicht von Prämissen abhängen. Diese sind notwendige Wahrheiten, nämlich logische oder mathematische Wahrheiten. Das ist ein Beispiel:

$$(\neg a \land \neg b) \rightarrow \neg a$$

Es handelt sich dabei um eine wahre Proposition, die von der Logik allein produziert wird (und deren Wahrheit in der Aussagenlogik mit einem einzigen Schritt gezeigt werden kann). Lassen wir a stehen für ‚Die Welt ist vollkommen gut' und b für ‚Die Welt ist ganz und gar schlecht'. Dann sagt die obige Proposition dies aus: ‚Wenn es nicht der Fall ist, dass die Welt vollkommen gut ist, und es nicht der Fall ist, dass die Welt ganz und gar schlecht ist, dann ist es nicht der Fall, dass die Welt vollkommen gut ist.' Das ist notwendigerweise wahr; aber es ist nicht von größerem philosophischem Interesse.

Die Wahrheiten, die von der Logik selbst bereitgestellt werden, sind ausschließlich notwendige Wahrheiten, und diese sind von größerem Interesse für Mathematiker und Logiker, aber nicht für die meisten Gebiete der Philosophie. Philosophie ist normalerweise interessiert an philosophischen

Wahrheiten, nicht an notwendigen oder mathematischen Wahrheiten.

2.5 Fazit

Die drei wichtigsten Punkte zusammengefasst:

- In Argumenten garantiert Logik keine Wahrheit.
- Außerdem ist logische Gültigkeit nicht einmal notwendig für Wahrheit.
- Und die Wahrheiten, die von der Logik selbst bereitgestellt werden, sind mathematische Wahrheiten und daher nicht von größerem philosophischem Interesse.

Der erste dieser Punkte scheint mir der entscheidende zu sein. Wir sollten uns an das Argument für die vermutlich falsche philosophische These erinnern, dass der menschliche Geist für immer überlebe. (Einige sind vielleicht der Meinung, dass das nicht eine falsche philosophische, sondern eine falsche naturwissenschaftliche These sei. Dann können Sie einfach ein anderes Beispiel verwenden, eines, das eindeutiger philosophisch ist.) Das Argument für die These, dass der menschliche Geist für immer überlebe, war logisch gültig. Die Logik kann beweisen, dass alle Anforderungen, die von der Logik gestellt werden, erfüllt sind. (Um das zu tun, benötigen Sie die logischen Regeln Allquantor-Beseitigung und *modus ponens*.) Sie können also die logische Gültigkeit beweisen. Und dennoch ist die Konklusion – so wollen wir es einmal annehmen – falsch. Das ist möglich, weil das Argument eine falsche Prämisse enthält. Logik allein gibt Ihnen nicht die Information, dass eine der Prämissen falsch ist.

Sie könnten versuchen, ein anderes logisch gültiges Argument zu finden, welches zeigt, dass eine der Prämissen unseres Arguments falsch war. Aber die Wahrheit der Konklusion dieses neuen Arguments hinge erneut von der Wahrheit der Prämissen dieses neuen Arguments ab. Alles, was die Logik der Philosophie anbieten kann, ist ein Zusammenhang zwischen Prämissen und einer Konklusion. Aber wenn Sie nicht wissen, ob die Prämissen wahr sind, dann wissen Sie nicht, ob die Konklusion wahr ist – unabhängig davon, wie gut Sie in Logik sind.

2.6 Weiterführende Bemerkungen

Wenn die Logik mir keine wahren Prämissen geben kann: Was kann mir dann wahre Prämissen geben? Mit anderen Worten: Was benötigt die Philosophie, wenn Logik nicht genug ist? Dies ist eine tiefgründige Frage, zu tiefgründig für dieses Kapitel. Ich hatte ja nur versprochen zu zeigen, dass Philosophie nicht auf Logik reduzierbar ist; ich würde nie versprechen, dass ich sagen könnte, was die Alternativen sind. Einige Hinweise sollten also genügen. Ich denke, dass philosophische Prämissen von *überall* her kommen können.

Manchmal kann die Philosophie wahre Prämissen von den Naturwissenschaften erhalten. Zum Beispiel halten es vielleicht einige Menschen für eine wahre These in der Physik, dass der Determinismus falsch ist. Dann könnten Sie die These, dass der Determinismus falsch ist, als eine Prämisse in einem philosophischen Argument verwenden. Zusammen mit anderen Prämissen könnten Sie ein logisch gültiges Argument aufstellen mit der Konklusion, dass niemand jemals das Verhalten eines Menschen mit Sicherheit vorhersagen kann. Das ist eine philosophisch relevante – und vermutlich wahre – These. Was die Philosophie hier leistet, ist dies: wahre Thesen von Naturwissenschaften erhalten, sie mit anderen Prämissen zusammenfügen (die vielleicht auch von Naturwissenschaften stammen), daraus ein logisch gültiges Argument zusammenstellen und eine philosophische Konklusion ableiten.

In anderen Fällen kann die Philosophie wahre Prämissen von Sozialwissenschaften erhalten. Sehr oft stammen die Prämissen weder aus der Naturwissenschaft noch aus der Sozialwissenschaft, sondern aus der Philosophie selbst. In einem Text des mittelalterlichen Philosophen Thomas von Aquin habe ich dieses Argument für die Existenz Gottes gefunden: (Thomas 2010)[15]

> „Alles, was in Bewegung ist, wird von etwas anderem bewegt. Dass einige Dinge in Bewegung sind – zum Beispiel die Sonne –, ist uns klar durch unsere Sinne. Also wird sie von etwas bewegt, das sie bewegt. Dieser Beweger ist selbst entweder bewegt oder nicht bewegt. Wenn er es nicht ist, haben wir unsere Konklusion erreicht – nämlich, dass wir einen unbe-

---

[15] Ob man dieses Argument überhaupt als ein Argument für die Existenz Gottes ansieht, mag jeder für sich entscheiden. Thomas scheint ‚Gott' nämlich als ‚unbewegten Beweger' zu definieren, und wer diese Definition nicht teilt – ich zum Beispiel teile sie nicht –, der wird das Argument nicht als ein Argument für die Existenz Gottes ansehen. Siehe auch Kapitel 7 dieses Büchleins.

wegten Beweger postulieren müssen. Diesen nennen wir Gott. Wenn es bewegt ist, dann wird es von einem anderen Beweger bewegt. Wir müssen somit entweder ins Unendliche fortfahren oder bei einem unbewegten Beweger ankommen. Nun ist es jedoch nicht möglich, ins Unendliche fortzufahren. Demnach müssen wir einen ersten unbewegten Beweger postulieren." (184; meine Übersetzung)

Es ist möglich, dieses Argument auf eine Weise zu interpretieren, die eine logisch gültige Präsentation zulässt. Ich habe das einmal versucht, und das Argument stellte sich als sehr lang heraus (20 Schritte). Also lasst uns besser nur die interessanten Punkte ansehen. Thomas' Konklusion ist im wesentlichen diese: Es gibt einen Beweger, der selbst nicht bewegt ist (einen unbewegten Beweger, Gott). Die wichtigsten Prämissen sind diese: Einige Dinge, die wir sehen, sind in Bewegung; alles, was in Bewegung ist, wird von etwas anderem bewegt; die Kette von Bewegern (*a* bewegt *b* bewegt *c* …) kann nicht ins Unendliche fortschreiten; wenn die Kette nicht ins Unendliche fortschreiten kann, dann gibt es einen Beweger, der selbst nicht bewegt ist (Gott).

Ist eine der Prämissen falsch? Die Logik kann uns keine Antwort anbieten. Zum Beispiel ist die Prämisse, dass alles, was in Bewegung ist, von etwas anderem bewegt werde, problematisch. Könnte es nicht sein, dass einige Dinge sich selbst bewegen? Könnte es nicht sein, dass einige Dinge oder sogar alle Dinge von Kräften bewegt werden, die ihrerseits weder Gegenstände noch Personen sind? Dies sind tiefgründige philosophische Fragen, die offensichtlich mit Physik zusammenhängen. Dort, in der Naturwissenschaft und der Philosophie, entscheidet sich oftmals, ob eine Prämisse wahr ist – und nicht in der Logik.

Eine andere entscheidende Prämisse ist diese: Um einen infiniten Regress zu vermeiden, müssen wir nach Thomas' Ansicht einen unbewegten Beweger postulieren. Aber warum sollte es nicht wie bei einem Zirkel sein? Morgan bewegt Kathleen, Kathleen bewegt Angie, Angie bewegt Morgan. Wenn die Welt nach diesem Schema funktioniert – obgleich in einer viel komplizierteren Weise –, dann scheint der infinite Regress vermieden werden zu können, ohne dass etwas postuliert wird, das andere bewegt und selbst unbewegt ist. Aber zu entscheiden, ob das plausibel ist, ist keine logische Unternehmung: Man muss hinausgehen und sehen, wie die Welt funktioniert, und die beste Methode wäre vielleicht eine philosophische Interpretation der Naturwissenschaften. Thomas' Argument für die Existenz Gottes ist ein Beispiel für ein Argument, dessen Prämissen ihrerseits von anderen philosophischen Theorien abhängen. Naturwissenschaften, Sozialwissenschaften, vielleicht auch andere Wissenschaften und schließlich die Philosophie selbst können Prämissen bereitstellen, die sich für philosophische Argumente verwenden lassen. Es ist nicht die Logik allein.

Ob wir eine philosophische Prämisse für wahr halten, kann auch von unseren *Intuitionen* abhängen. Was ist Wissen? In Kapitel 1 erwähnte ich ein Argument gegen die These, dass Wissen identisch mit einer gerechtfertigten wahren Meinung sei. Die entscheidende Prämisse eines solchen Arguments ist diese: Es gibt mögliche Fälle, in denen wir eine gerechtfertigte wahre Meinung haben, dass *p*, und in denen wir dennoch nicht wissen, dass *p*. Ob diese Prämisse wahr ist, hängt von unserer Interpretation bestimmter Gedankenexperimente ab; und unsere Interpretation hängt von unseren Intuitionen ab. Im vorigen Kapitel gab ich dieses Beispiel: Paula sieht auf die Uhr, diese zeigt ,5 Uhr' an. Sie ist berechtigt, der Uhr zu vertrauen, und daher berechtigt zu glauben, dass es 5 Uhr ist. Tatsächlich ist die Überzeugung wahr. Aber – was Paula nicht weiß – die Uhr zeigt immer ,5 Uhr' an, denn sie funktioniert nicht mehr. Paula hatte Glück, dass sie in genau dem Moment auf die Uhr sah, als es tatsächlich 5 Uhr war. Ist ihre Meinung, dass es 5 Uhr ist, in diesem Fall Wissen? Es herrscht breite Übereinstimmung, dass die Antwort Nein ist. Aber jemand könnte eine andere Intuition haben und sagen: „Ja, Paula besitzt hier Wissen. Sie hatte Glück, aber sie weiß nichtsdestoweniger, dass es 5 Uhr ist. Wenn eine Meinung wahr und gerechtfertigt ist: Das ist genug, um Wissen zu sein! Wissen ist gerechtfertigte wahre Meinung." Jemand könnte alle Gettier-artigen Gedankenexperimente so beurteilen. Das wäre seltsam – aber es gibt keinen logischen Beweis gegen eine solche seltsame Intuition. Philosophische Argumente können also wesentlich von unseren Intuitionen abhängen. Manchmal haben alle oder fast alle dieselbe Intuition, und manchmal nicht.

Ist Lügen immer moralisch falsch? Anscheinend sagt die Bibel so etwas: im zweiten Buch Mose (Exodus), 20:16. Aber zum Beispiel präsentierte mein akademischer Lehrer Fred Feldman dieses Gedankenexperiment (welches tatsächlich mehr als ein Gedankenexperiment ist: Es ist ein historisches Faktum). Nationalsozialisten kommen zu einem Haus (nennen wir dessen Eigentümer ‚Müller') und fragen: „Ist ein Jude in diesem Haus?" Angenommen, Müller versteckt in der Tat einen jüdischen Freund in seinem Haus, um ihn vor den Nationalsozialisten zu schützen. Und angenommen, dass Müller durch eine Lüge die Wahrscheinlichkeit erhöhen kann, dass der jüdische Freund nicht gefunden wird. Ist es in diesem Fall moralisch falsch, zu lügen? Die meisten Leute, mich eingeschlossen, würden mit Nein antworten. Dies kann als Prämisse verwandt werden in einem Argument mit der Konklusion, dass Lügen nicht immer moralisch falsch ist. Aber wenn jemand andere Intuitionen hat, dann ist die Prämisse nicht wahr. Jemand könnte die Intuition haben, dass Lügen selbst in Müllers Fall moralisch falsch ist. (Das klingt sehr seltsam, und ich denke, es ist inakzeptabel. Aber vielleicht glaubt jemand, dass in Müllers Fall *beides* falsch wäre: zu lügen und nicht zu lügen. Müller müsste sich dann zwischen zwei moralischen Übeln entscheiden, und er sollte sich sicherlich eher für das Lügen entscheiden.)

Wie wichtig sind Intuitionen für die Philosophie? Wenn alle philosophischen Argumente letztlich von Intuitionen abhingen, dann könnte die Philosophie niemals etwas herausfinden, das wir nicht bereits glauben. Die Philosophie könnte dann niemals feststellen, ob unsere Intuitionen richtig sind, denn die philosophischen Argumente setzten voraus, dass die Intuitionen richtig sind. Eine solche Position ist tatsächlich vertreten worden, und zwar von dem populären Philosophen Mortimer J. Adler (1985). Er spricht von „Wissen des gesunden Menschenverstands" (so würde ich seinen Ausdruck „common-sense knowledge" übersetzen), und im wesentlichen ist damit wohl das gemeint, was ich „Intuition" nenne.

> „Die theoretische Philosophie ist eine analytische und reflek-
> tierende Verfeinerung dessen, was wir durch den gesunden
> Menschenverstand angesichts unserer gemeinsamen Erfah-
> rung wissen. Das Wissen des gesunden Menschenverstands
> wird durch das philosophische Denken vertieft, aufgehellt
> und ausgearbeitet. Es gibt wenig oder gar keine gute Philoso-
> phie, die dem Wissen des gesunden Menschenverstands wi-
> derspricht, denn beide basieren auf der gemeinsamen
> menschlichen Erfahrung, aus der heraus sie entstehen." (106;
> meine Übersetzung)

Ich denke, dass eine solche Position die Bedeutung der Intuitionen für die Philosophie überschätzt. Natürlich spielen
unsere Intuitionen (oder das Wissen des gesunden Menschenverstands) sehr häufig oder immer eine Rolle im philosophischen Denken, besonders bei der Interpretation von
Gedankenexperimenten. Aber Intuitionen machen die Arbeit nicht immer *allein*. (Außerdem ist nicht einmal klar, was
Adler meint, wenn er sagt, dass das Wissen des gesunden
Menschenverstands durch die Philosophie „vertieft" werde.)
Oben erwähnte ich schon die Wichtigkeit der Naturwissenschaften für die Philosophie. Wenn die Naturwissenschaften
nicht allein von Intuitionen abhängen, dann hängt die Philosophie nicht allein von Intuitionen ab.
Wenn die Wahrheit von philosophischen Aussagen von Naturwissenschaften, anderen Wissenschaften und der Philosophie selbst abhängt, inklusive Intuitionen: Was kann die
Logik dann für die Philosophie tun? Angenommen, es gibt

ein Argument in der Philosophie, dessen Prämissen alle wahr sind. Wenn das Argument *nicht* logisch gültig ist, dann ist es selbst unter der Bedingung, dass alle Prämissen wahr sind, noch möglich, dass die Konklusion falsch ist. Jemand, zum Beispiel Marc, könnte dann sagen: „Ich behaupte nicht, dass irgendeine deine Prämissen falsch sei. Aber ich stimme der philosophischen Aussage in der Konklusion dennoch nicht zu." Marc könnte also gegen die Aussage sein, ohne sagen zu müssen, aus welchem Grund er sie ablehnt. In einem philosophischen Diskurs ist das traurig. Ich möchte wissen, aus welchem Grund Marc meine Konklusion nicht akzeptiert. Also präsentiere ich das Argument lieber in einer logisch gültigen Weise. Dann ist es notwendigerweise so, dass wenn alle Prämissen wahr sind, auch die Konklusion wahr ist. Wenn Marc denkt, dass die Konklusion falsch sei, muss er also denken, dass eine der Prämissen falsch sei. (Andernfalls wäre er irrational in einem erheblichen Ausmaß.) Im Diskurs könnte ich ihn dann auffordern: „Marc, du sagst, dass du die Konklusion ablehnst. Also zeig mir, welche der Prämissen für falsch zu halten ist!" *Die Philosophie benötigt Logik also insbesondere zum Zweck der Präsentation und der Diskussion.*

Eine sehr kurze Zusammenfassung dieses Kapitels kann zum Beispiel so aussehen:

(1)	Wenn die Philosophie auf Logik reduziert werden könnte, dann hinge die Wahrheit jeder philosophischen Aussage allein von Logik ab.	$p \rightarrow q$

(2)	Es ist nicht der Fall, dass die Wahrheit jeder philosophischen Aussage allein von Logik abhängt.	$\neg q$
(3)	Folglich ist es nicht der Fall, dass die Philosophie auf Logik reduziert werden kann. (1, 2, *modus tollens*)	$\neg p$

Das ist ein formal gültiges Argument. Wenn die Konklusion falsch ist, ist also eine der Prämissen falsch. Wenn Sie meiner Konklusion nicht zustimmen: Welche der Prämissen ist denn falsch? (Die erste Prämisse sollte unproblematisch sein. Die zweite ist schwieriger, aber das ist es ja, weshalb ich das ganze Kapitel benötigt habe, um für sie zu argumentieren.)

3 Über den Zusammenhang zwischen Wahrheit und Wissen

3.1 Einleitung

In Kapitel 1 sahen wir, dass vermutlich jede Proposition entweder wahr oder falsch ist. Aber sehr häufig wissen wir nicht, ob eine Proposition wahr ist oder falsch. Wie oft? Was wissen wir? Weiß ich, dass die Vereinigten Staaten gegenwärtig fünfzig Staaten umfassen? Weiß ich, dass der Tod etwas Schlechtes ist? Dass $2 + 3 = 5$ ist? Dass es einen Gott gibt? Dass es keinen Gott gibt? Dass reines Wasser H_2O ist? Dass Jogging gesund ist? Dass meine Schwester glücklich ist? Dass sie meine Schwester ist? Anstatt solche Fragen getrennt zu beantworten, werde ich einige allgemeine Bedingungen für Wissen skizzieren. Mit Hilfe dieser allgemeinen Bedingungen wird es vielleicht einfacher sein, die Fragen über den Status einzelner Meinungen zu beantworten. (Aber die Bewertung einzelner Meinungen wird schwierig bleiben, auch wenn ein allgemeines Verständnis von Wissen erreicht ist.) Meine kurze Untersuchung wird sich vorwiegend auf den Zusammenhang zwischen Wissen und Wahrheit konzentrieren.

Wir untersuchen die Natur des Wissens – was bedeutet das? Es scheint, dass ‚Wissen' ein Wort ist und dass Wörter willkürlich auf jede Weise definiert werden können (so wie Symbole sich willkürlich definieren lassen). Wenn das der Fall ist, dann, so scheint es, kann es keine allgemeine, wahre Natur des Wissens geben. Jeder könnte ‚Wissen' so definieren, wie er möchte, und ich könnte bloß eine weitere Definition hinzufügen, die vielleicht hilfreich für dieses Buch wäre, aber nicht mehr. Und tatsächlich, Wissen *ist* ein Wort, und jeder ist frei, es so zu definieren, wie er möchte. Aber das ist hier nicht mein Ziel. Womit ich beschäftigt bin, das ist die Natur des Wissens, und die Natur des Wissens ist, wie ich annehme, die Natur desjenigen Phänomens, das wir normalerweise meinen, wenn wir das Wort ‚Wissen' verwenden. Ich bin beschäftigt mit der genauen Bedeutung des Wortes ‚Wissen', wie es normalerweise verwendet wird.[16] Es wäre nicht nützlich, eine Definition von ‚Wissen' zu geben, die nicht mit der gewöhnlichen Verwendung des Wortes in Verbindung stünde.

Jemand könnte bezweifeln, dass es möglich sei, irgendeine gewöhnliche Bedeutung von ‚Wissen' zu finden. Diese Skepsis ist insofern berechtigt, als natürlich nicht jeder das Wort in genau derselben Weise verwendet. Aber es ist auch offensichtlich, dass es einen engen Zusammenhang gibt zwischen den Weisen, wie wir ein bestimmtes Wort, zum Beispiel ‚Wissen', verwenden. Es muss einen gemeinsamen Grund geben, auf dem die Verwendungen des Wortes aufbauen. Wenn das nicht der Fall wäre – wenn zum Beispiel jeder etwas radikal Verschiedenes im Sinn hätte, wenn er von ‚Wissen' spricht –, dann würden wir uns nicht verstehen und

---

[16] Das Wort ‚Wissen' wird sowohl im alltäglichen Leben als auch im akademischen Kontext verwendet. Ich beschäftigte mich mit beiden zugleich, denn ich sehe keinen signifikanten Unterschied zwischen der alltäglichen und der akademischen Verwendung des Wortes.

wären nicht in der Lage, akademische Fragen zu diskutieren, die mit Wissen zusammenhängen. Aber wir verstehen uns (zu einem gewissen Grad), und wir diskutieren Fragen, die das Wissen betreffen. Also kann angenommen werden, dass eine mehr oder weniger einheitliche Bedeutung von ,Wissen' existiert. Und ich vollziehe hier einige Schritte, um die Natur dieser Bedeutung zu untersuchen.

Ist eine Analyse der allgemeinen Verwendung eines Wortes sinnvoll? Wenn wir uns bereits verstehen, wie ich ja angenommen habe, wozu benötigen wir dann eine solche Analyse? Wir verstehen uns gegenseitig, weil wir ein (vorwiegend) *implizites* Konzept von Wissen im Kopf haben. Es kann auch ein unbewusstes Konzept genannt werden. Wir sind fähig, über Wissen zu sprechen, aber das Konzept wird normalerweise nicht explizit gemacht. Ein Ziel dieses Kapitels ist es, unser gemeinsames Verständnis von Wissen aus dem Dunkel ins Licht zu holen. Und das Ergebnis wird sein, dass wir das Wissen besser verstehen.

Dieser Prozess ist nicht unüblich; vergleiche etwa das Phänomen des Lügens. Irgendwie verstehen wir das Verb ,lügen', und abgesehen von Grenzfällen haben wir alle das gleiche implizite Konzept. Aber dieses Konzept vom Lügen wird normalerweise nicht explizit gemacht und erfordert eine Analyse, ähnlich wie im Falle des Wissens (obwohl es Unterschiede gibt). Wenn ich Leute gefragt habe, was ,lügen' bedeutet, ist manchmal geantwortet worden: „etwas sagen, das nicht wahr ist". Aber eine geringfügig tiefere Analyse zeigt, dass es nicht das ist, was wir im Kopf haben: Wenn Paula sagt, dass Jeff ihr Vater sei, weil sie nicht weiß, dass er tatsächlich nicht ihr Vater, sondern ihr Stiefvater ist, dann würden wir nicht sagen, dass Paula lügt. Lügen ist ein komplizierteres Phänomen. Selbst wenn wir wissen, dass das, was wir sagen, falsch ist, kann es sein, dass es sich nicht um eine Lüge handelt. (Vergleiche das Kapitel über Lügen in Weidtmann/Evers, Hg., 2009: besonders S. 82.) Diese Beispiele zeigen, dass wir manchmal nicht genau wissen, wie wir die Wörter verwenden, die wir verwenden und implizit verstehen. Dieses Kapitel versucht ein wenig Klarheit in das Konzept von ,Wissen' zu bringen.

3.2 Wissen und Meinungen

Wer auch immer etwas weiß, glaubt etwas. (Ausdrücke wie ,glauben', ,meinen' und ,der Überzeugung sein' verwende ich der Einfachheit halber austauschbar.) Genauer gesagt, alles, was gewusst ist, ist eine Meinung. Das sollte unumstritten sein. Zwar sagen einige Leute „Ich glaube es nicht, sondern ich weiß ...", womit suggeriert wird, Wissen sei ganz verschieden von Meinungen. Aber das sollte als ein rhetorisches Manöver ohne große Signifikanz interpretiert werden. Manchmal werden Ausdrücke wie ,Meinung' sehr eng verstanden, so dass nur unsichere Meinungen als ,Meinungen' bezeichnet werden. Wenn man dann betonen möchte, dass man sich sicher ist, sagt man „Ich glaube es nicht, sondern ich weiß es". Ich setze aber voraus, dass ,Meinung', ,Glaube' und ,Überzeugung' in einem weiteren Sinn verstanden werden können. Wissen ist dann sozusagen eine Teilmenge der Meinungen. Es gibt einige Meinungen, die nicht als Wissen zählen (so wie Paulas falsche Überzeugung, dass der

Mensch, der neben ihr sitzt, ihr biologischer Vater sei); und es gibt andere Meinungen, die als Wissen zählen (so wie Paulas Überzeugung, dass Goethe 1749 geboren wurde, wenn wir einmal voraussetzen, dass diese Zahl historisch wahr ist).

Gibt es eine andere notwendige Bedingung für Wissen, zusätzlich zu dem Prinzip, dass nur Meinungen als Wissen zählen? Ja: Wahrheit.

3.3 Wissen und Wahrheit

Wahrheit ist eine notwendige Bedingung für Wissen. Es ist unmöglich, dass p falsch ist *und* jemand weiß, dass p. Es gibt Ausnahmefälle, in denen das Wort ‚Wissen' so verwendet wird, als ob Wahrheit nicht notwendig wäre. Zum Beispiel wenn jemand sagt: „Ich wusste einfach, dass er Martha heiraten würde. Aber dann heiratete er stattdessen Jennifer." Das ist ein Ausnahmefall, und man kann erneut von einem rhetorischen Manöver sprechen. Die Überzeugung, dass er Martha heiraten würde, war eine falsche Meinung und gerade nicht Wissen. Der Sprecher dachte nur, dass er es wisse, weil er offenbar viel Evidenz (das heißt viele Indizien, Hinweise) dafür hatte, dass er Martha heiraten würde. Die Meinungen, die wir ‚Wissen' nennen, sind normalerweise nur wahre Meinungen.

Wir können zusammenfassen: Eine Meinung zu sein und wahr zu sein sind zwei notwendige Bedingungen für Wissen. Umgekehrt gilt daher: Wenn p von dem Subjekt x gewusst wird, dann ist p eine Meinung von x und p ist wahr. Wenn wir $W[\alpha, \beta]$ als ein Symbol für das Prädikat 'α weiß β' verwenden, $G[\alpha, \beta]$ for 'α glaubt β' und α for 'α ist wahr', dann dürfen wir festhalten:

[1] $Wxp \rightarrow (\, Gxp \wedge p\,)^{17}$

Man kann genauso gut sagen: Wenn p nicht eine Meinung oder nicht wahr ist, dann wird p nicht gewusst.

[2] $(\neg\, Gxp \vee \neg\, p\,) \rightarrow \neg\, Wxp$

Jemand könnte denken: Wenn Wahrheit notwendig für Wissen ist, dann können wir doch gar nichts wissen, oder zumindest nicht viel. Wir sollten auf diese Idee genauer schauen. Die meisten von uns denken, dass sie wissen, dass Wasser H_2O ist. Gemäß unserer Analyse kann unsere Meinung über das Wasser nur dann als Wissen zählen, wenn diese Meinung wahr ist. Aber wie können wir sicher sein, dass die Meinung wahr ist? Ich habe nicht die Ausstattung oder die Fähigkeit zu *beweisen*, dass Wasser H_2O ist; und so geht es den meisten von uns. Wissenschaftler haben die erforderlichen Instrumente, aber auch sie irren sich manchmal mit ihren Theorien. Wenn ich also nicht vollkommen sicher sein kann, dass Wasser tatsächlich H_2O ist, dann, so scheint es, wäre es naiv, einfach vorauszusetzen, dass die Meinung wahr sei. Und daher kann die Meinung offenbar nicht als Wissen zählen.

Oder sehen wir auf meine Überzeugung, dass die Vereinigten Staaten fünfzig Staaten umfassen. Wenn ein Lehrer mich

---

[17] Das ist natürlich eine vereinfachende Darstellung. Wenn Genauigkeit hier wichtiger wäre als Einfachheit, dann sollten wir Allquantoren ($\forall$) für x und p verwenden.

gefragt hätte „Weißt du, wie viele Staaten die USA umfassen?", dann hätte ich vermutlich mit „Ja" geantwortet. Aber zählt diese Meinung wirklich als Wissen? Ich habe zwar wiederholt gehört, dass die Vereinigten Staaten fünfzig Staaten umfassen. Aber ich habe sie nicht alle gesehen. Und wenn es auch seltsam wäre, allen Quellen, die mir darüber Auskunft gegeben haben, zu misstrauen, so könnte es doch sein, dass mein Gedächtnis fehlerhaft ist. Ich erinnere mich an Fälle, in denen ich mich ziemlich sicher wähnte und doch falsch lag, vielleicht wegen eines fehlerhaften Gedächtnisses. Warum sollte das nicht auch hier der Fall sein?

Es soll einmal Männer gegeben haben, die sich als Frauen verkleideten, um die Olympischen Spiele in einem Damenwettbewerb zu gewinnen. Stellen wir uns einmal vor, dass während des Damenwettbewerbs und direkt danach keine Athletin die Idee hatte, dass die schnellste Person in diesem Wettbewerb tatsächlich ein Mann ist. Und stellen wir uns ein Interview mit der Frau vor, die am zweitschnellsten war. Wenn sie gefragt worden wäre, ob sie *wisse*, dass sie die zweitschnellste Frau sei, hätte sie mit „Ja" geantwortet. (Vielleicht wäre ihr das so offensichtlich erschienen, dass sie über die Frage verwundert gewesen wäre.) Und doch war diese Meinung falsch. Sie war die schnellste Frau, da die Person, die als erste ins Ziel kam, ja ein Mann war.

Vergleichbare Überraschungen können offenbar immer passieren. Was wir für wahr halten, kann falsch sein. Und deshalb scheint es, dass wir nichts wissen können, oder zumindest nicht viel. Jemand könnte sogar sagen, dass alle Sinneserfahrungen, die wir haben, niemals Wissen konstituieren.

Das ist es vielleicht, was Descartes im Sinn hatte, als er die *Meditationes* schrieb, und was Sokrates im Sinn hatte, als er sagte: Er wisse, dass er nicht wisse.

Wofür ich argumentieren möchte, ist, dass solch eine skeptische Folgerung übertrieben ist. Das Prinzip, wonach Wahrheit notwendig für Wissen ist, hat nicht die Konsequenz, dass wir gar nicht wüssten, und es hat auch nicht die Konsequenz, dass wir nicht viel wüssten. Natürlich ist es zwar, soviel ich weiß, *möglich*, dass die Vereinigten Staaten nicht fünfzig Staaten umfassen. (Das ist sowohl epistemisch möglich – ich bin nicht vollkommen sicher, dass die Vereinigten Staaten fünfzig Staaten umfassen – als auch metaphysisch möglich.) Es ist möglich, dass die Meinung, dass die Vereinigten Staaten fünfzig Staaten umfassen, falsch ist. Und dann, in diesem möglichen Fall, zählt meine Meinung nicht als Wissen. Aber *in dem Fall*, dass die Vereinigten Staaten tatsächlich fünfzig Staaten umfassen, in diesem Fall zählt meine Meinung als Wissen.

Es ist wahr, dass p gewusst wird nur wenn p wahr ist. Aber das bedeutet nicht, dass p gewusst wird nur wenn p *notwendigerweise* wahr ist. Notwendige Wahrheit ist nicht die Bedingung. Nach der Meinung meines ehemaligen akademischen Professors Wolfgang Spohn ist dies der Ursprung der Verwirrung. Das Prinzip, wonach Wahrheit notwendig für Wissen ist, das grob symbolisiert werden kann als

[3] $Wxp \rightarrow p$,

ist ein notwendigerweise wahres Prinzip. Es ist notwendigerweise wahr, weil es aus der Bedeutung des Wortes ‚Wissen' folgt. Wir können also das ‚notwendig'-Symbol $\Box$ hinzufügen und schreiben:

[4] $\Box (Wxp \to p)$

Aber dass das *Prinzip* notwendig wahr ist, heißt nicht, dass p notwendig wahr wäre. Dass p notwendig wahr sei, bedeutet dies:

[5] $Wxp \to \Box p$

Und das ist falsch. Es ist keine Konsequenz irgendeines der diskutierten Prinzipien [1], [2], [3] und [4]. Die verschiedenen Behauptungen [4] und [5] sollten nicht durcheinander gebracht werden. Wäre [5] wahr, so könnten wir nur notwendige Wahrheiten wissen, zum Beispiel mathematische Wahrheiten. Aber ich sehe kein Argument für diese Behauptung. Aus einer epistemologischen Perspektive sollten notwendige und nicht-notwendige (kontingente) Sachverhalte ähnlich behandelt werden:
Die Meinung p zählt als Wissen nur wenn p wahr ist. Wir meinen, dass $2 + 3 = 5$ ist. Wenn das wahr ist, dann liegt hier Wissen vor. Wenn es sich herausstellte, dass $2 + 3 \neq 5$ ist, dann würde sich damit auch herausstellen, dass unsere Meinung kein Wissen darstellte (und nie dargestellt hat). Und ebenso ist es ja bei den anderen Meinungen. Wenn meine Meinung, dass die Vereinigten Staaten fünfzig Staaten umfassen, wahr ist, dann liegt hier Wissen vor. Wenn sich herausstellte, dass die Vereinigten Staaten nicht fünfzig Staaten umfassen, dann würde sich damit auch herausstellen, dass meine Meinung kein Wissen darstellt.

Die Moral ist vermutlich diese: Von dem, was wir zu wissen glaubten, kann sich natürlich immer herausstellen, dass es tatsächlich kein Wissen, sondern falsch ist. Die Athletin, die glaubte, dass die schnellste Person eine Frau sei, hatte eine solche falsche Meinung. Sie dachte, sie wisse, dass sie selbst die zweitschnellste Frau sei, dabei war sie die schnellste. Überall im Leben können solche Irrtümer passieren. Aber sie passieren tatsächlich nicht überall. Ich nehme an, dass viele der Dinge, an die wir glauben und die wir mit guten Gründen glauben, tatsächlich wahr sind. Und die meisten dieser Meinungen zählen als Wissen. Natürlich sind darunter einige Meinungen, für die wir zwar viel Evidenz haben, aber die dennoch falsch sind. Es wird sich in einigen Fällen herausstellen, dass das, was wir gerechtfertigt glaubten, falsch ist. Und wir können nicht sicher sein, in welchen Fällen wir ‚Glück haben' – welche unserer Meinungen als Wissen zählen – und wo Überraschungen versteckt sind. Aber je rationaler wir unsere Meinungen ausbilden, grob gesagt, desto unwahrscheinlicher ist es, dass viele unserer Meinungen falsch sind. Die meisten unserer mehr oder weniger rational gebildeten Meinungen sind wahr, selbst wenn wir uns ihrer Wahrheit nicht sicher sein können. Und in diesen vielen Fällen liegt Wissen vor. Es kann also vermutet werden, dass wir insgesamt eine Menge wissen.

Ob eine bestimmte Meinung als Wissen zählt, wird sozusagen von der Welt entschieden. Denn es ist ja die Welt, die etwas wahr oder falsch macht: Meine Meinung, dass die Vereinigten Staaten fünfzig Staaten umfassen, ist wahr nur wenn dort, in der Welt, wirklich fünfzig Staaten sind, die zu den USA gehören. Wie rational meine Meinung auch immer gebildet worden ist, und wie viele Dinge ich auch über die Staaten gehört haben mag: Wenn die Welt nicht fünfzig US-Staaten enthält, dann ist meine Meinung falsch und zählt daher nicht als Wissen. Da wir keinen ‚perfekten Zugang' zu allen Tatsachen in der Welt haben, kann es passieren, dass was wir für Wissen hielten, tatsächlich kein Wissen, sondern falsch ist. Aber es gibt keinen Grund, zu glauben, dass das in den *meisten* Fällen passiert. Und in den vielen Fällen, in denen es nicht passiert, dort wissen wir etwas.

3.4 Wissen und Gründe

Lasst uns das entscheidende Prinzip erinnern, wonach es notwendig für Wissen ist, geglaubt zu werden und wahr zu sein:

[1] $Wxp \rightarrow (Gxp \wedge p)$

Wir können die Redeweise vereinfachen und zusammenfassen, dass p nur dann gewusst sein kann, wenn p eine *wahre Meinung* ist. Ist es auch hinreichend, dass p eine wahre Meinung ist? Konstituiert jede wahre Meinung Wissen? Das würde bedeuten:

[6] $(Gxp \wedge p) \rightarrow Wxp$

Aber während das Prinzip [1] wahr ist, ist das Prinzip [6] falsch. Es gibt offensichtlich Fälle von wahren Meinungen, die nicht als Wissen zählen. Ich nehme an, dass einige Spanier heute glauben, dass ihre Fußballmannschaft in diesem

Jahr Weltmeister wird. Stellen wir uns vor, dass das wahr wird. Würden wir sagen, dass diese Spanier vorher *wussten*, dass Spanien Weltmeister wird? Nein, es wäre angemessener, zu sagen, dass sie einfach glaubten, Spanien werde gewinnen, und dass sie schließlich ‚Glück' hatten, dass diese Meinung sich als wahr herausstellte. Es gibt sogar eindeutigere Fälle. Stellen Sie sich jemanden vor, der immer im Dunkeln sitzt und der jeden Tag ohne Grund glaubt, dass draußen gerade die Sonne scheine. In einigen Fällen wird diese Meinung wahr sein. Aber nichtsdestoweniger wäre ‚Glück' eine angemessenere Beschreibung als ‚Wissen'.

Eine Meinung zu sein und wahr zu sein ist also nicht hinreichend für Wissen. Aber *was* ist hinreichend für Wissen? Wenn eine Meinung wahr ist: Welche andere Bedingung muss erfüllt sein, damit die Meinung Wissen konstituiert? Eine Bedingung sind gute Gründe (man sagt auch: die Meinung muss *gerechtfertigt* sein). Der Mann, der immer denkt, dass die Sonne scheine, hat keinerlei guten Grund für diese Meinung. (Er hat zum Beispiel keine Evidenz, also keine Hinweise oder Indizien, denn er sitzt ja im Dunkeln. Und er könnte sich darüber informieren, dass die Sonne niemals das ganze Jahr hindurch scheint.) Seine Meinung, dass die Sonne scheine, ist nicht gerechtfertigt. Wenn er dagegen aus dem Fenster sähe und ihm die Sonne in die Augen strahlte, dann wäre seine Meinung vermutlich gerechtfertigt und konstituierte Wissen. Meine Meinung, dass die USA fünfzig Staaten umfassen, ist ebenfalls gerechtfertigt, da ich diese Information von vertrauenswürdigen Menschen erhalten habe. (Natürlich ist nicht alles, was vertrauenswürdige Menschen sagen, wahr. Aber meistens ist es das schon. Sonst wären sie ja nicht vertrauenswürdig.) Wenn meine Meinung, dass die USA fünfzig Staaten umfassen, nicht nur berechtigt, sondern auch wahr ist, dann konstituiert diese Meinung Wissen. Orientiert am englischen Wort ‚justification' können wir $J[\alpha, \beta]$ als Symbol verwenden für 'α's Meinung, dass β, is gerechtfertigt'. Und dann gilt:

[7] $Wxp \rightarrow (Gxp \wedge p \wedge Jxp)$

Wenn etwas gewusst wird, dann ist es eine Meinung, die wahr und gerechtfertigt ist. Zwei Dinge sollten angemerkt werden. Erstens, nicht jede gerechtfertigte Meinung ist wahr. Wahrheit und gute Gründe sind zwei verschiedene Anforderungen. Die Athletin, die als zweite Person ins Ziel kam, war berechtigt zu glauben, dass eine Frau schneller gewesen sei als sie; denn sie hatte vermutlich gute Gründe dafür. Dennoch war ihre Meinung in diesen besonderen Umständen falsch. Zweitens sollte bemerkt werden, dass die Implikation im Prinzip [7] nur in eine Richtung geht. Jeder Fall von Wissen ist ein Fall von einer gerechtfertigten wahren Meinung, aber nicht jede gerechtfertigte wahre Meinung konstituiert Wissen. Es gibt einige *Ausnahme*-Fälle, Gettier-Fälle genannt, in denen eine gerechtfertigte wahre Meinung nicht als Wissen angesehen werden sollte. (vgl. Gettier 1963. Siehe auch mein Beispiel mit der Uhr, die ‚5 Uhr' zeigt: S. 23.)

Eine Meinung kann nur dann Wissen konstituieren, wenn sie wahr und gerechtfertigt ist. Wahrheit ist in meinem ersten Kapitel diskutiert worden. Wie steht es um das Gerechtfertigt-sein? Was glauben wir zu recht? Ich habe entschieden, nicht auf die Details dieser vieldiskutierten Frage einzugehen. Aber ich sollte einige Aspekte erwähnen. Erstens gibt es eine Position mit dem Namen *reliabilism*, nach der eine Meinung genau dann gerechtfertigt ist, wenn sie von einem zuverlässigen Prozess produziert wurde. Zum Beispiel ist unsere visuelle Wahrnehmung normalerweise zuverlässiger als die schlechteste Zeitung des Landes. Eine Meinung, die auf Ihrer visuellen Wahrnehmung basiert, ist also normalerweise gerechtfertigt, während eine Meinung, die auf der Lektüre der schlechten Zeitung basiert, in der Regel nicht gerechtfertigt ist.

Es sollte jedoch bemerkt werden, dass das Subjekt (derjenige, der eine Meinung hat) selbst nicht sicher sein kann, ob die verwandten Prozesse zuverlässig sind oder nicht. Gemäß *reliabilism* ist das Gerechtfertigt-sein also etwas, das sich außerhalb des Zugangsbereichs des Subjekts entscheidet. (Externalismus). Die gegenteilige Position ist der Internalismus: Gemäß der plausibelsten Form von Internalismus hat das Subjekt immer Zugang zu den Faktoren, die seine Meinung gerechtfertigt oder ungerechtfertigt machen. Wenn der Internalismus korrekt ist, dann kann ich herausfinden, ob eine bestimmte Meinung, die ich habe, gerechtfertigt ist oder nicht. (Für eine detailliertere Diskussion von Internalismus und Externalismus siehe Pappas 2005.)

Ein internalistischer Ansatz ist *evidentialism*. Gemäß *evidentialism* ist eine Meinung genau dann gerechtfertigt, wenn sie in adäquater Weise auf der Evidenz basiert, die das Subjekt besitzt. (Zur Evidenz zählen zum Beispiel Hinweise, Indizien und Informationen, die aus der Sinneswahrnehmung stammen.) Wenn Sie genug Evidenz für die These haben, dass Wasser H_2O ist, und nicht viel Evidenz *dagegen*, genau dann ist Ihre Meinung, dass Wasser H_2O sei, gerechtfertigt. Viele Details sind natürlich unklar. Siehe zum Beispiel auch Conee/Feldman (2001a und 2001b).

Die beiden Ansätze, die ich erwähnt habe – *reliabilism* und *evidentialism* – lassen sich kombinieren. Sie könnten sagen, dass eine Meinung genau dann gerechtfertigt sei, wenn sie auf der Evidenz basiert, die Sie haben, *und* sie von einem zuverlässigen Prozess produziert wurde. (Siehe die Aufsätze von Goldman und Comesaña.)

Obwohl es nicht einfach ist, zu entscheiden, welche Theorie des Gerechtfertigt-seins richtig ist – und ob irgendeine wahre Theorie auf diesem Gebiet vorgeschlagen worden ist –, erscheinen die meisten Fälle relativ klar. Die meisten von uns sind vermutlich gerechtfertigt, zu glauben, dass die Vereinigten Staaten fünfzig Staaten umfassen: Wir haben eine Menge Evidenz für diese Behauptung (Lexika, Lehrer etc.) und viele unserer Quellen sind relativ zuverlässig. Wir sind auch gerechtfertigt zu glauben, dass $2 + 3 = 5$ ist, aus ähnlichen Gründen. Dasselbe gilt für unsere Meinung, dass reines Wasser H_2O ist. All diese Meinungen sind gerechtfertigt. Ob sie *Wissen* sind, ist allerdings eine andere Frage, denn es kann sich nur dann um Wissen handeln, wenn die Meinungen wahr sind, und ob sie wahr sind, das wird von der Welt entschieden. Aber zumindest ist es gut, zu wissen, dass die Meinungen gerechtfertigt sind.

In einigen anderen Fällen ist es weniger klar, ob unsere Meinungen gerechtfertigt sind. Ob wir gerechtfertigt sind zu glauben, dass Gott existiert, ist zum Beispiel nicht ganz so einfach zu sagen. Und sind wir gerechtfertigt zu glauben, dass er *nicht* existiert? Über religiöse Meinungen werde ich in Kapitel 7 etwas mehr sagen.

Teil II: Einige Kandidaten für philosophisches Wissen

In Teil I des Büchleins beantwortete ich einige allgemeine Fragen über Wahrheit und Wissen, so wie: Ist jede Aussage entweder wahr oder falsch? Ist Logik eine hinreichende Methode, um die Wahrheit zu finden? Ist alles, was wir wissen, wahr? Was sind außer der Wahrheit andere notwendige Bedingungen für Wissen? Diese letzte Frage ist besonders wichtig für Teil II. Eine Meinung konstituiert Wissen nur dann, wenn sie sowohl wahr als auch gerechtfertigt ist, und sie ist gerechtfertigt nur dann, wenn wir gute Gründe für diese Meinung haben (zum Beispiel wenn wir starke Evidenz für die Wahrheit der Meinung besitzen und nicht so viel Evidenz gegen sie). Was genau sind wir also gerechtfertigt zu glauben?

Wie wir sahen, sind wir zum Beispiel gerechtfertigt zu glauben, dass die Vereinigten Staaten fünfzig Staaten umfassen und dass Wasser H_2O ist. Aber das ist nicht von viel philosophischem Interesse. Was sind wir *in der Philosophie* gerechtfertigt zu glauben? Dies ist die Frage, mit der sich Teil II beschäftigt. Es gibt bestimmte philosophische Thesen, für die wir gute Gründe haben. (Es gibt immer Gründe und Gegengründe, aber diese halten sich nicht unbedingt die Waage.) Wir sind also berechtigt, bestimmte philosophische Thesen zu glauben. Diese Thesen (oder genauer: die Meinung, dass diese Thesen wahr seien) sind *Kandidaten* für Wissen, da sie eine wichtige Bedingung für Wissen erfüllen: die Bedingung, eine gerechtfertigte Meinung zu sein. Eine dieser plausiblen Thesen ist die These, dass Menschen vollständig materiell sind; damit beginne ich in Kapitel 4.

4 Über Materialismus und Reduktionismus

4.1 Einleitung

In Kontinentaleuropa ist besonders gern gesagt worden, dass Menschen nicht vollständig materiell seien. Zwar würde fast niemand bestreiten, dass Menschen einen Körper besitzen, der materiell ist, aber einige denken, dass es zusätzlich zu diesem Körper eine nicht materielle (immaterielle) Seele gebe. Einer der klassischen Vertreter einer solchen Position ist René Descartes.

Ich kann keine strenge Definition von ,materiell' anbieten. Was ich ,materiell' nenne, ist die Art von Dingen und Eigenschaften (und Tatsachen), mit denen sich die Physik und die Naturwissenschaften allgemein beschäftigen. Ein Tisch, ein Stück Haut, ein Elektron, ein menschliches Gehirn, die Eigenschaft der Nässe – dies sind Beispiele für etwas Materielles. Wenn es eine menschliche Seele gibt, die außerhalb von Raum und Zeit ewig überlebt, oder wenn es außerhalb unserer materiellen Welt einen Gott gibt, dann sind dies Beispiele für etwas, das nicht materiell ist, sondern immateriell. Die Ausdrücke ,materiell' und ,physisch' betrachte ich als identisch.

Die Position, die ich oben skizziert habe, lässt sich so zusammenfassen: Der menschliche Geist sei nicht vollständig materiell. (Es könnte sogar behauptet werden, dass der menschliche Geist überhaupt nicht materiell sei.)[18] Eine andere Position wäre die, dass Menschen inklusive ihrem Geist nur aus physischen Teilen bestehen (dass also die Dinge, aus denen Menschen bestehen, ausschließlich physische Dinge sind), aber dass einige *Eigenschaften*, die mit dem menschlichen Geist zusammenhängen, nicht materiell seien. Zum Beispiel kann man denken, dass die Eigenschaft, schmerzhaft zu sein, oder die Eigenschaft, sich glücklich zu fühlen, nicht materiell seien. Beide Positionen – die Position, dass der menschliche Geist selbst eine immaterielle Sache sei oder immaterielle Teile habe, und die Position, dass der menschliche Geist materiell ist, es aber einige immaterielle geistige Eigenschaften gebe – können ‚Dualismus' genannt werden. Sie sollten genauer unter dem Begriff ‚Dualismus bezüglich Menschen' zusammengefasst werden, denn die zugrunde liegende Idee ist, dass Menschen aus Entitäten bestünden, die zwei grundlegend verschiedenen Gruppen angehören: physischen Entitäten und immateriellen Entitäten.[19]

Eine dem entgegengesetzte Position ist der Materialismus (oder materialistische Monismus) bezüglich Menschen.

---

[18] Was ist der menschliche Geist? Eine Definition wäre erneut schwierig. Grob gesagt, der Ausdruck ‚Geist' bezieht sich auf Phänomene wie Sinneserfahrung, Schmerz, Gedanken, Emotionen und Wünsche. Offensichtlich stehen all diese Phänomene in Zusammenhang mit dem Gehirn.

[19] Der Ausdruck ‚Entität' ist ein allgemeiner Ausdruck für existierende Dinge und Eigenschaften.

Materialismus bezüglich Menschen =df. Alle Menschen inklusive ihrem Geist sind vollständig materiell. Alle geistigen Eigenschaften sind materielle Eigenschaften.

Damit wird natürlich nicht behauptet, dass alles, was existiert, materiell sei. Die Position sagt nur, dass *Menschen* vollständig materiell sind. Im zweiten Abschnitt dieses Kapitels werde ich kurz dafür argumentieren, dass der Materialismus bezüglich Menschen wahr ist: dass Menschen etwas vollständig Materielles sind, und dass der Dualismus demnach falsch ist.[20]

Diese materialistische Position *scheint* eine bestimmte interessante Konsequenz zu haben: die Konsequenz, dass der menschliche Geist, grob gesprochen, auf Physik reduzierbar sei. Denn wenn alles, was zum menschlichen Geist gehört, materiell ist (physisch), dann ist die Physik offenbar diejenige Wissenschaft, die den menschlichen Geist untersuchen sollte – oder die ihn wenigstens untersuchen *könnte*, wenn die Physik weit genug entwickelt wäre.

Die Idee ist nicht, dass irgendein gegenwärtig lebender Physiker den menschlichen Geist perfekt analysieren könne. Die Idee ist eher diese: Gegenwärtig kann ein Naturwissenschaftlicher (sagen wir, ein Neurobiologe), der auf das Gehirn eines lebenden Menschen schaut, nicht herausfinden, was genau der Mensch denkt. Aber man könnte meinen,

---

[20] Von nun an werde ich häufig einfach ‚Materialismus' sagen, wenn ich den Materialismus bezüglich Menschen meine. Auch werde ich einfach ‚Reduktionismus' sagen, wenn ich die These meine, dass alle psychologischen Theorien auf Theorien der Physik reduzierbar seien.

dass dieses Problem nur der gegenwärtigen Unvollkommenheit der Naturwissenschaften geschuldet sei. Auf lange Sicht – oder in einer denkmöglichen Situation, in der Wissenschaftler intelligenter und die Maschinen besser sind – wird es oder könnte es der Fall sein, dass Naturwissenschaftler den menschlichen Geist vollständig erklären. Im Moment brauchen wir einige (nicht-biologisch arbeitende) Psychologen, die zu Menschen sprechen und Experimente mit Gruppen von Menschen durchführen; aber im Prinzip könnte alles von Naturwissenschaftlern erklärt werden, die das menschliche Gehirn und den Rest des Körpers in einem Labor erforschen. Denn alles, was zum Menschen gehört, ist materiell, und materielle Entitäten werden von den Naturwissenschaften untersucht.

Die grundlegendste Naturwissenschaft ist die Physik. Das Gehirn besteht letztlich aus grundlegenden Elementen, aus Molekülen, Atomen, Elektronen und so weiter. Je exakter wir arbeiten, so scheint es, desto mehr wird es deshalb die Physik sein, die für die Erklärung des menschlichen Geistes verantwortlich ist. Dies ist eine kurze Zusammenfassung dieser Position:

> **Reduktionismus** =df. Alle Theorien vom menschlichen Geist (alle psychologischen Theorien) sind auf Theorien der Physik reduzierbar. Je weiter die Naturwissenschaften entwickelt sind, desto mehr wird sich herausstellen, dass die Naturwissenschaften, schließlich die Physik, den menschlichen Geist erklären können.

Einigen Leuten mag der Reduktionismus als eine offensichtliche Konsequenz des Materialismus erscheinen. (Es mag ihnen scheinen, dass wenn nichts Immaterielles zum menschlichen Geist gehört, dass es dann natürlich die Naturwissenschaften seien – am Ende die Physik –, die den Menschen und seinen Geist am besten erforschen können.) Ein Artikel, der die Wahrheit des Reduktionismus nahe legt, ist Jaegwon Kims „The Myth of Nonreductive Materialism" (1989).[21] Ich werde stattdessen für die Behauptung argumentieren, dass der Reduktionismus vermutlich falsch ist; dass die Naturwissenschaften und die Physik, obwohl der menschliche Geist vollständig materiell ist, keine Chance haben, den menschlichen Geist hinreichend zu erklären (nicht einmal auf lange Sicht und auch nicht in dem Fall, dass die Physik immer besser wird).

Meine Argumente für die Falschheit des Reduktionismus werden vielleicht nicht so überzeugend sein und wie meine

---

[21] Zweierlei sollte hinzugefügt werden. Erstens sagt Kim nicht, dass wenn der Materialismus wahr ist, dann der Reduktionismus wahr sei. Er denkt, dass wenn der Materialismus wahr ist, dann entweder der Reduktionismus wahr sei oder der eliminative Materialismus wahr sei. Ich denke dagegen, dass der Materialismus wahr ist und dass weder der Reduktionismus noch der eliminative Materialismus wahr ist. Zweitens, obwohl ich diesen Artikel zweimal gelesen habe, wurde es mir nicht klar, ob Kim wirklich denkt, dass der Reduktionismus – *so wie ich ihn definiert habe* – wahr sein kann. An einigen Stellen schien es mir, dass er eine andere Form von Reduktionismus im Sinn hat. Aber wir sind nicht mit der Frage beschäftigt, was Kim denkt, sondern mit der Frage, was wahr ist. (Trotzdem werde ich später auf Kim zurückkommen.)

einfachen Argumente für den Materialismus. Einige Zweifel werden also bleiben. Außerdem sollte ich anmerken, dass einige meiner Gedanken eng zusammenhängen mit John Fodors Aufsatz „Special Sciences (Or: The Disunity of Science as a Working Hypothesis)" (1974).[22] Die Weise, wie ich die Argumente präsentiere, wird allerdings anders und hoffentlich überzeugender sein als bei Fodor. Zudem konzentriert sich Fodors Aufsatz auf das Phänomen der natürlichen Arten (er argumentiert dafür, dass natürliche Arten der Psychologie keine natürlichen Arten der Physik seien), während mein Text meiner Ansicht nach nicht von diesem Phänomen abhängt.

4.2 Materialismus

Ein Grund dafür, dass der Materialismus meines Erachtens als wahr angesehen werden sollte, besteht darin, dass zunehmend mehr über die physische Natur des menschlichen Geistes herausgefunden wird. Diese physische Natur ist hauptsächlich das Gehirn. Die alten Griechen wussten (verständlicherweise) nicht einmal, wo das Zentrum unserer geistigen Prozesse ist. Einige dachten, es sei wohl das Zwerchfell, ein Ort in der Nähe der Lungen. Und das Gehirn war ihrer Ansicht nach dafür zuständig, den Körper zu kühlen. Später stellte sich heraus, dass das Gehirn das geistige Zentrum ist; und Medizin, Biologie und biologische Psychologie finden immer mehr Details zum Beispiel über die

---

[22] Ich denke Marcel Weber, der mich auf diesen Aufsatz aufmerksam machte.

physiologischen Grundlagen unseres Denkens heraus. Neuronen leiten elektrische Signale weiter und sind mit jedem Teil des Körpers verbunden. Heutzutage sind Maschinen in der Lage, die relevanten elektrischen Signale am Gehirn abzutasten, sie können diese Signale interpretieren und dadurch in einigen einfacheren Fällen herausfinden, was eine Person denkt. Es ist sogar möglich, einfache Bilder zu malen, ohne die Hände zu verwenden – durch bloßes Denken, während eine Maschine mit dem Gehirn verbunden ist.[23]

Es stellt sich also mehr und mehr heraus, dass der menschliche Geist materiell ist (physisch). Denn sonst könnte vermutlich nicht einfach erklärt werden, wie Naturwissenschaften und Maschinen den menschlichen Geist mit zunehmendem Erfolg analysieren können. Der kontinuierliche Fortschritt, den die Hirnforschung macht, legt nahe, dass es keine Grenze gibt hinsichtlich des Ausmaßes, zu dem der menschliche Geist physisch ist. Zwar kann man immer nach einem geistigen Phänomen suchen, für das noch keine physiologische Basis gefunden worden ist (das Bewusstsein ist vielleicht ein Beispiel). Aber vor dem Hintergrund des bisherigen Erfolgs der Naturwissenschaften sollte angenommen werden, dass früher oder später eine physiologische Basis dieses Phänomens gefunden werden wird (oder dass die Ergebnisse, die es schon gibt, ausgeweitet und verfeinert werden).

Aber es gibt einen zweiten Grund für den Materialismus, den ich erwähnen sollte: Keine gute Alternative steht zur

---

[23] Diese Methode habe ich im Forum Scientiarum beobachtet, einer Institution, die zur Universität Tübingen gehört.

Verfügung. Das bedeutet, jede Theorie über das sogenannte Leib-Seele- oder Körper-Geist-Problem, die nicht materialistisch ist, ist massiven Problemen ausgesetzt. Der Dualismus ist ja die Position, dass Menschen teilweise materiell seien, aber immaterielle Teile besäßen oder zumindest einige immaterielle Eigenschaften. Das macht es schwierig, psychophysische Verursachungen zu verstehen (und „physicopsychische Verursachungen").

Geistige Ereignisse (oder geistige Zustände, geistige Tatsachen) verursachen physische Ereignisse, und physische Ereignisse verursachen geistige Ereignisse. Die überzeugendste Erklärung für diese Formen von Verursachung ist der Materialismus: Es kann Verursachungen zwischen geistigen und physischen Ereignissen einfach deshalb geben, weil beide physische Ereignisse sind. Verursachung zwischen physischen Ereignissen ist nichts Mysteriöses; die Naturwissenschaften sind voll von Erklärungen dieser Art (dies ist sogar das Kerngeschäft der Naturwissenschaften). Wenn umgekehrt der Dualismus wahr wäre, dann handelte es sich bei psychophysischen Verursachungen um Verursachungen zwischen immateriellen Ereignissen und materiellen Ereignissen; und es gibt keine naheliegende Erklärung für diese Art von Verursachung.[24]

---

[24] Es ist wohl vernünftig, nicht nur anzunehmen, dass geistige Ereignisse physische Ereignisse sind, sondern auch, dass *Typen* von geistigen Ereignissen Typen von physischen Ereignissen sind; und dass geistige Eigenschaften physische Eigenschaften sind. Ein solcher „universeller" Materialismus – im Gegensatz zu Davidsons anomalem Monismus – lässt eine überzeugende Erklä-

Ein Beispiel für „physico-psychische" Verursachungen ist dieses: Wenn jemand ein Schmerzmittel einnimmt, dann reduziert sich sein Schmerz. Ein Schmerzmittel ist etwas Physisches, es besteht aus Pillen. Wie ist es möglich, dass sie einen geistigen Zustand beeinflussen, den Zustand des Schmerzempfindens? Die überzeugendste Erklärung ist, dass Schmerz selbst etwas Physisches ist, etwas Materielles, zum Beispiel das Feuern von C-Fasern im Gehirn. Dann kann es eine wissenschaftliche Erklärung für den Einfluss von Schmerzmitteln auf das Schmerzempfinden geben.

Ein Beispiel für psychophysische Verursachungen ist dieses: Ich entscheide mich, auf der Straße zu gehen, und also beginnen sich meine Beine zu bewegen. Ein geistiges Ereignis (meine Entscheidung oder mein Wunsch) hat ein physisches Ereignis verursacht (die Bewegung meiner materiellen Beine). Die Erklärung, die auf der Hand liegt, ist diese: Mein Wunsch ist selbst etwas Materielles. Dieser Gehirnzustand „sendet" Signale zu den Muskeln meiner Beine, durch motorische Neuronen. Diese Beobachtungen können zu der Behauptung generalisiert werden, dass alles Geistige materiell ist; alles Geistige ist eine Teilmenge von allem Materiellen. Fassen wir das wichtigste Argument zusammen:

---

rung von psychophysischen Prinzipien wie ‚Hunger verursacht Magenknurren' zu. Solche Prinzipien enthalten Typen von Ereignissen (Hunger ist nicht ein einzelnes Ereignis), und wenn man annimmt, dass solche geistigen Typen physische Typen sind, wird es besser verständlich, dass der geistige Ereignistyp einen physischen Ereignistyp verursacht, das Knurren des Magens. Für mehr Argumente gegen Davidsons Position siehe Kim (1989: 33-36).

(1)	Physico-psychische und psychophysische Verursachungen finden statt.	p
(2)	Wenn physico-psychische und psychophysische Verursachungen stattfinden, dann ist es wahrscheinlich, dass geistige Ereignisse und physische Ereignisse derselben Gruppe von Entitäten angehören.	$p \rightarrow q$
(3)	Folglich ist es wahrscheinlich, dass geistige Ereignisse und physische Ereignisse derselben Gruppe von Entitäten angehören. (1, 2, *modus ponens*)	q
(4)	Wenn es wahrscheinlich ist, dass geistige Ereignisse und physische Ereignisse derselben Gruppe von Entitäten angehören, dann ist es wahrscheinlich, dass geistige Ereignisse und physische Ereignisse beide physisch sind.	$q \rightarrow r$
(5)	Folglich ist es wahrscheinlich, dass geistige Ereignisse und physische Ereignisse beide physisch sind. (3, 4, *modus ponens*)	r
(6)	Wenn es wahrscheinlich ist, dass geistige Ereignisse und physische Ereignisse beide physisch sind, dann sollte angenommen werden, dass der Materialismus wahr ist.	$r \rightarrow s$
(7)	Folglich sollte angenommen werden, dass der Materialismus wahr ist. (5, 6, *modus ponens*)	s

Die Wahrheit der Prämisse (4) könnte angezweifelt werden. Jemand könnte zugestehen, dass geistige und physische Ereignisse derselben Gruppe von Entitäten angehören, aber anstatt beide für physisch zu halten, könnte er behaupten, dass beide geistig seien! Die These, dass alles geistig sei, kann ‚Idealismus' genannt werden. Dem liegt beispielsweise der Gedanke zugrunde, dass die ganze Welt Teil eines großen Bewusstseins sei oder dass die Welt, die wir wahrnehmen, von Gedanken konstruiert werde (Konstruktivismus). Ich bin außer Stande, diese Positionen im Detail zu bewerten; aber ich sollte einige Ideen erwähnen.

Ein Problem konstruktivistischer Theorien ist, dass wir anscheinend keine Chance haben herauszufinden, ob die Theorie wahr ist oder nicht. Wie könnten wir herausfinden, ob alles, was wir wahrnehmen, nur ein Gedanke ist? Wir würden hierzu eine Perspektive benötigen, die selbst außerhalb der konstruierten Welt ist. Von dort aus könnten wir sehen, wie etwas die wahrgenommene Welt konstruiert. Aber diese Vogelperspektive ist nicht möglich: Der Konstruktivismus sagt ja gerade, dass alles, was wir wahrnehmen, konstruiert sei, und das bedeutet, dass wir die Konstruktion selbst nicht wahrnehmen können. Wenn ich von einem bestimmten Punkt aus sehen könnte, wie die Welt konstruiert wird, dann wäre dies ja eine Wahrnehmung und daher gemäß dem Konstruktivismus etwas Konstruiertes. Ob *wirklich* eine Konstruktion stattfindet, kann also gar nicht beurteilt werden.

Eine populäre konstruktivistische Position ist diese: Unser Gehirn konstruiere oder konstituiere die Welt, die wir wahrnehmen. (Vielleicht gibt es eine reale Welt, aber das, was wir wahrnehmen, sei nur die konstruierte Welt.) Nehmen wir an, dass das wahr sei. Dann ist selbst unsere Wahrnehmung des Gehirns, zum Beispiel die Sinneserfahrung, die der Naturwissenschaftler im Labor hat, während er auf ein Gehirn sieht, konstruiert. Wie könnte er also davon ausgehen, dass vor ihm wirklich Gehirne sind? Alles, was er wahrnimmt, ist ja ein Konstrukt. Die Theorie, dass die Gehirne von Menschen deren Welten konstruierten, wird auf einmal selbst extrem problematisch, weil diese Theorie von Sinneserfahrungen abhängt, die als konstruiert anzusehen wären. Mit welchem Recht glaubt der Naturwissenschaftler dann überhaupt, dass es Gehirne gebe? Die Sinneserfahrung, die er hat, während er ein Gehirn ansieht oder anfasst, und die Informationen, die er auf dem Monitor sieht, sind ja konstruiert. Man könnte am Ende fast gar nichts mehr über die reale Welt aussagen, nicht einmal, dass es Gehirne sind, die alles konstruieren.

Konstruktivistische Theorien sind also Theorien, die nichts über die Realität aussagen können. Nicht einmal die These, dass die Konstruktion wirklich stattfinde, kann objektiv begründet werden, weil ja alle Hinweise, die es dafür geben soll, selbst als konstruierte Wahrnehmungen und daher subjektiv anzusehen wären. Ich nehme an, dass eine Theorie, die nichts über die Realität aussagen kann, keine philosophische Theorie ist, und möchte die Diskussion des Konstruktivismus damit beenden.

Jemand könnte ein Argument gegen den Materialismus aufstellen auf der Grundlage der Behauptung, dass das *Bewusstsein* etwas Immaterielles sei. Einige oder alle bewusste Erlebnisse haben einen phänomenalen Charakter: Es fühlt sich auf bestimmte Weise an (es ist einem auf bestimmte Weise zumute), wenn man Freude hat. Es fühlt sich auf eine bestimmte Weise an, Schmerz zu haben. Und die visuelle Erfahrung von roter Farbe ist ebenfalls von einem bestimmten phänomenalen Charakter begleitet. Es könnte behauptet werden, dass dieser phänomenale Charakter von bewussten Erlebnissen immateriell sei. Und da der phänomenale Charakter von bewussten Erlebnissen zu den Menschen gehört, würde folgen, dass der Materialismus bezüglich Menschen falsch sei.

Weshalb sollte jemand glauben, dass der phänomenale Charakter von Erlebnissen immateriell sei? Der Punkt ist, dass phänomenale Zustände anscheinend einen „Erste Person"-Charakter haben, den materielle Dinge nicht haben. Wenn ich Wärme erklären möchte, dann kann ich das über die Bewegung von Molekülen tun. Die Erklärung mag kompliziert sein, aber sie kann schließlich vollständig sein. Wie ist es bei einem geistigen Zustand, der einen phänomenalen Charakter hat, zum Beispiel: Schmerz? Kann es eine vollständige Erklärung von Schmerz geben, so wie es eine vollständige Erklärung von Wärme geben kann? Vielleicht kann jemand Schmerz über das Feuern von C-Fasern im Gehirn erklären. Aber wenn ich weiß, dass Schmerz das Feuern von C-Fasern ist: Weiß ich dann, was Schmerz ist? Wenn ich nie Schmerz gefühlt habe, dann, selbst wenn ich die C-Faser-Erklärung kenne, weiß ich anscheinend nicht genug, um zu verstehen, was Schmerz ist. Ich muss Schmerz fühlen, ihn erleben; sonst werde ich kein Konzept von Schmerz haben. (Oder stellen Sie sich jemanden vor, der nicht weiß, was

Liebe ist, und deshalb in einem Lexikon nachschlägt. Er wird dort etwas über Liebe erfahren, aber einen Teil dessen, was Liebe ausmacht, wird er dort *nicht* finden, sondern er wird die Liebe selbst erleben müssen.)

Im Falle von Wärme ist es offenbar anders. Wärme ist *identisch* mit der Bewegung von Molekülen, und daher kann die Erklärung selbst dann vollständig sein, wenn ich keine Erfahrung mit Wärme habe. Die Erklärung von Schmerz ist dagegen nicht vollständig, solange ich Schmerz nicht selbst erlebe. Diese Unvollständigkeit von Dritte-Person-Erklärungen ist als ‚Erklärungslücke' (*explanatory gap*) bezeichnet worden.

Jemand könnte denken, dass das Phänomen der Wärme ebenfalls eine Erklärungslücke aufweise, sodass es keinen philosophisch relevanten Unterschied zwischen Wärme und Schmerz gebe. Um Wärme zu verstehen, so die Idee, ist es ebenfalls nicht hinreichend, zu wissen, dass Wärme die Bewegung von Molekülen ist; Sie müssen auch das Gefühl der Wärme erleben. Aber diese Vorstellung ist meiner Ansicht nach verfehlt. Wärme und Schmerz sind grundlegend verschieden. Das *Wärmegefühl* ist natürlich ein geistiges Phänomen, das nur verstanden werden kann, wenn man es erlebt. Aber mit der Wärme selbst verhält es sich nicht so: Es könnte ja Wärme geben, selbst wenn es kein Wärmeempfinden gäbe (wenn niemand die Wärme fühlte). Das ist es, was ich einen Dritte-Person-Charakter nenne. Aber es könnte keinen Schmerz geben, wenn niemand ihn fühlte. Wenn niemand Schmerz fühlte, dann gäbe es keinen Schmerz. Der phänomenale Charakter ist wesentlich für Schmerz; und das nenne ich einen Erste-Person-Charakter. So lange man, wie die Naturwissenschaften es tun, nur Dritte-Person-Erklärungen gibt, wird etwas am Schmerz unerklärt bleiben. Und das ist die Erklärungslücke.

Der Ausdruck ‚Erklärungslücke' ist von Joseph Levine eingeführt worden (1983), der schrieb:

> „Was durch die Entdeckung des C-Faser-Feuerns unerklärt bleibt, ist, *warum der Schmerz sich so anfühlen sollte, wie er sich anfühlt!* Denn anscheinend gibt es am C-Faser-Feuern nichts, wodurch es in natürlicher Weise zu den phänomenalen Eigenschaften des Schmerzes ‚passen' würde, wodurch es zu diesen Eigenschaften besser passen würde als zu irgendeiner anderen Menge von phänomenalen Eigenschaften." (357; meine Übersetzung)

Um es auch mit meinen Worten auszudrücken: Das C-Faser-Feuern und all die physikalischen Prozesse, die in jemandem vor sich gehen, der Schmerz empfindet, all dies gibt uns kein Verständnis von Schmerz. Denn was wesentlich für Schmerz ist, das ist die Weise, wie sich Schmerz anfühlt. Und indem Sie die physiologischen Prozesse (zum Beispiel das C-Faser-Feuern) untersuchen, können Sie nicht herausfinden, wie sich Schmerz anfühlt.

Nun ist die entscheidende Frage diese: Kann aus dem Phänomen der Erklärungslücke ein Argument gegen den Materialismus aufgebaut werden? Ich denke: Nein. Die Tatsache, dass einige geistige Phänomene nicht vollständig von den Naturwissenschaften erklärt werden können, zeigt nicht und legt nicht einmal nahe, dass diese geistigen Phänomene immateriell seien. Die ontologische Frage sollte getrennt werden von der epistemologischen Frage. Die ontologische Frage ist die Frage, was Schmerz ist, oder was die Natur des Schmerzes ist. Die epistemologische Frage ist die Frage, wie jemand ein Konzept von Schmerz erwerben kann, wie jemand Schmerz verstehen kann, wie Schmerz jemandem erklärt werden kann. Alles, was die Diskussion über die Erklärungslücke beinhaltet, gehört zu der epistemologischen Frage. Offenbar ist die Weise, wie wir ein Konzept von Schmerz erwerben, grundlegend verschieden von der Weise, wie wir ein Konzept von Wärme erwerben. Oder allgemeiner: Die Weise, wie wir ein Konzept von einigen geistigen Zuständen erwerben, ist grundlegend verschieden von der Weise, wie wir ein Konzept von anderen materiellen Phänomenen erwerben. Das sagt nichts über das ontologische Thema aus, ob Schmerz etwas Materielles ist. Wenn wir die Argumente für den Materialismus (und gegen den Dualismus) erinnern, dann sollten wir den Materialismus nicht ohne guten Grund aufgeben; und die Erklärungslücke liefert keinen guten Grund.

Die Erklärungslücke zeigt, dass unser epistemischer Zugang zu einigen geistigen Phänomenen speziell ist; sie zeigt nichts hinsichtlich der Natur dieser geistigen Phänomene. Nehmen wir also an: Schmerz ist ein materielles Phänomen. Was wesentlich für Schmerz ist, das ist ein bestimmtes Gefühl; ein Gefühl ist ebenfalls etwas Materielles. Ein Subjekt S kann ein Konzept von Schmerz nur erwerben (die Natur von Schmerz nur dann verstehen), wenn S Schmerz erlebt, das heißt, wenn S Schmerz empfindet.

4.3 Reduktionismus

Ich möchte vorschlagen, dass wir den Materialismus akzeptieren und danach fragen, ob der Reduktionismus wahr ist. Oben ist der Reduktionismus so definiert worden:

> **Reduktionismus** =df. Alle Theorien vom menschlichen Geist (alle psychologischen Theorien) sind auf Theorien der Physik reduzierbar. Je weiter die Naturwissenschaften entwickelt sind, desto mehr wird sich herausstellen, dass die Naturwissenschaften, schließlich die Physik, den menschlichen Geist erklären können.

Ich sagte bereits, dass trotz der Wahrheit des Materialismus der Reduktionismus vermutlich falsch ist. Die Physik kann nicht jeden Aspekt des Menschen erklären (nicht einmal wenn die Physik perfekt entwickelt wäre). Der Grund liegt erneut in der Tatsache, dass Erklärungen kein ontologisches Geschäft, sondern ein epistemisches Geschäft sind: Etwas wird *jemandem* erklärt. Selbst wenn die Dinge, die wir erklären, physisch sind, kann es sein, dass die Physik (und die Naturwissenschaften) sie nicht allein erklären können. Anscheinend haben Menschen eine bestimmte Natur, die sie nicht befähigt, jedes Phänomen auf dieselbe Weise zu verstehen, selbst wenn die Phänomene tatsächlich zu derselben Gruppe von Phänomenen gehören (nämlich zu den physischen Phänomenen). Zu einigen physischen Phänomenen haben wir einen anderen Zugang als zu anderen physischen Phänomenen. Aber lasst uns die Angelegenheiten detaillierter besprechen.

Ein bestimmter Typ von geistigen Ereignissen, wie Schmerz, ist nicht identisch mit einem bestimmten Typ von physischen Ereignissen. Geistige Zustände können von verschiedenen Gehirnzuständen realisiert werden: Zum Beispiel besitzen andere Tiere ziemlich verschiedene Gehirne, aber sie können ebenfalls Schmerz empfinden; in ihren Fall wird Schmerz von einer anderen physischen Struktur realisiert. Selbst innerhalb einer Spezies, zum Beispiel zwischen verschiedenen Menschen, gibt es Unterschiede. Wenn das Gehirn eines Menschen beschädigt wird, können andere Teile seines Gehirns geistige Zustände realisieren, die ursprünglich von dem nun beschädigten Teil realisiert wurden. Dies zeigt, dass es keine Identität zwischen geistigen Ereignissen und physischen Ereignissen gibt. Geistige Ereignisse können auf verschiedenen physischen Wegen realisiert werden (multiple Realisierbarkeit). Das war auch Fodors Ausgangspunkt in seinem Artikel gegen den Reduktionismus (1974):

> „Es gibt keine soliden Daten für irgendeine genauere Korrespondenz zwischen Typen von psychologischen Zuständen und Typen von neurologischen Zuständen, und es ist vollkommen möglich, dass das Nervensystem höherer Organismen typischerweise ein bestimmtes psychologisches Resultat durch eine breitgefächerte Vielzahl von neurologischen Wegen erreicht." (105; meine Übersetzung)

Multiple Realisierbarkeit kann als eine Tatsache angesehen werden – heute sogar mehr als damals. Wie könnte dann eine Reduktion der Psychologie auf die Physik möglich sein? Angenommen es gibt eine psychologische Theorie, etwa die, dass intrinsische Motivation zu mehr Erfolg führt als extrinsische Motivation. (Grob gesagt, wenn Sie etwas deshalb tun, weil Sie es wirklich mögen und es für wichtig halten, dann werden Sie erfolgreicher sein als in dem Fall, dass Sie es nur um anderer Güter willen tun, zum Beispiel für das Geld.) Wie könnte eine solche Theorie jemals auf die Physik oder auf die Naturwissenschaften allgemein reduziert werden? Die Theorie enthält den Ausdruck ‚Motivation', oder „S ist motiviert'. Um die Theorie auf die Naturwissenschaften zu reduzieren, müssten Sie einen naturwissenschaftlichen Begriff für Motivation finden; zum Beispiel müssten Sie den Gehirnzustand ausdrücken, der Motivation realisiert. Aber es gibt nicht *den* Gehirnzustand, der Motivation realisiert. Multiple Realisierbarkeit ist nicht nur metaphysisch möglich, sondern eine wissenschaftliche Tatsache. Die Naturwissenschaften können also nicht einmal einen *Ausdruck* finden für jedes einzelne geistige Phänomen.

Man könnte daran zweifeln, dass Motivation überhaupt etwas Materielles ist. Aber jedes Mal, wenn jemand intrinsisch oder extrinsisch motiviert ist, gibt es einen Gehirnzustand (oder Zustand des Körpers), der diesen geistigen Zustand realisiert. Es gibt eben nur nicht den einen bestimmten physischen Zustand, der intrinsische oder extrinsische Motivation realisiert.

Vielleicht denkt jemand, dass ein physikalischer Ausdruck psychologischer Phänomene möglich werde durch die Verwendung von Disjunktionen. Nehmen wir eine psychologische Theorie dieser Form an:[25]

---

[25] Ich denke nicht, dass psychologische Theorien jemals so simpel seien, wie diese Struktur es nahe legt. Sie sind viel komplizierter,

$$g1 \rightarrow v1$$

Ein bestimmter geistiger Zustand ($g1$), sagen wir: Schmerz, führt zu einem bestimmten Verhalten ($v1$). Der geistige Zustand kann von verschiedenen physischen Zuständen realisiert werden. Jemand könnte denken, dass $g1$ also ersetzt werden könne durch die Disjunktion ($p1 \vee p2$): Der geistige Zustand kann von dem physischen Zustand $p1$ oder von dem physischen Zustand $p2$ realisiert werden.

$$(p1 \vee p2) \rightarrow v1$$

Wenn es noch mehr mögliche Realisierungen gibt, können Sie $p3$, $p4$ etc. hinzufügen. Ist das genug, um die psychologische Theorie auf eine physikalische Theorie zu reduzieren? Ist dies das Muster, nach dem die Psychologie auf die Naturwissenschaft reduzierbar ist? Ich denke, wir sollten hier skeptisch sein.

Erstens ist die Anzahl möglicher Realisierungen $p1$, $p2$, ... möglicherweise unendlich. Dann könnte niemand sie jemals alle auflisten; und das würde bedeuten, dass die Reduktion nicht möglich ist. Aber die These, dass es unendlich viele mögliche Realisierungen gibt (oder geben könnte), ist problematisch. Nehmen wir an, dass die Anzahl endlich ist. Ist der Reduktionismus *dann* wahr? Vermutlich nicht. Das liegt an einem zweiten Problem:

Der Ausdruck ($p1 \vee p2$) kann durch die Physik allein nicht verstanden oder erklärt werden. Die Physik kann nicht aus-

---

und sie alle haben Ausnahmen. Aber das ist nicht unser Thema; vereinfachen wir die Angelegenheit.

drücken, was $p1$ und $p2$ gemeinsam haben. Denn die möglichen Realisierungen eines bestimmten geistigen Zustands können in physischer Hinsicht ziemlich verschieden sein. Im Falle der Vögel, die ein extrem verschiedenes Gehirn haben, werden bestimmte geistige Zustände auf eine physisch ziemlich andere Weise realisiert als im Falle von Menschen.

Wenn die Psychologie auf die Physik reduziert wäre, dann müssten wir nicht das Wort ‚Schmerz' verwenden; stattdessen könnten wir uns auf eine physikalische Beschreibung beschränken, eine Beschreibung, die von Neuronen, Gehirnzuständen, am Ende vielleicht von Atomen und noch kleineren Entitäten spräche. Die physikalische Beschreibung $p1$ und die physikalische Beschreibung $p2$ wären extrem verschieden. Was haben sie gemeinsam? Warum erscheinen sie gemeinsam in derselben Theorie? Die angemessene Antwort wäre: „Weil $p1$ und $p2$ Schmerz realisieren"; aber das ist eine psychologische Beschreibung, die ja auf eine physikalische Beschreibung reduziert werden soll. Sobald wir die psychologische Beschreibung aufgeben, können wir nicht erklären, über welches Phänomen wir sprechen.

Dasselbe Problem entsteht vermutlich im Falle der intrinsischen Motivation. Ich nehme an, dass intrinsische Motivation auf ziemlich verschiedene Weisen $p1$, $p2$ etc. realisiert werden kann. Wir könnten diese Realisierungen in einer Gruppe zusammenfassen ($p1 \lor p2 \lor \ldots$); aber durch physikalische Beschreibungen allein könnten wir nicht sagen, weshalb wir diese verschiedenen physikalischen Beschreibungen als eine Gruppe behandeln. Es handelt sich um ein allgemeines Problem der Reduktion. Angenommen, Sie möchten die Ökonomie auf die Physik reduzieren, sodass Sie einen physikalischen Ausdruck für Geld suchen. Geld kann von Scheinen, Münzen, sogar von Computerdaten realisiert werden. Physikalisches Vokabular allein kann nicht erklären, was diese physischen Dinge gemeinsam haben und warum sie dieselben oder ähnliche Effekte haben sollten. Ein anderes Vokabular wird benötigt, und das ist ökonomisches Vokabular.[26]

Ein Gedankenexperiment kann hier vielleicht für Klarheit sorgen: Angenommen, wir wissen, dass Schmerz von den zwei physischen Zuständen $p1$ und $p2$ realisiert werden kann. Dann hat jemand einen Unfall und ein Teil seines Gehirns wird beschädigt, sodass andere Teile diejenigen Zustände realisieren, die ursprünglich von dem nun beschädigten Teil realisiert wurden. Schmerz wird jetzt von einem anderen Zustand realisiert, und diese neue Realisierung wird zum ersten Mal beobachtet. Schmerz wird jetzt realisiert von $p3$. Aber wie könnte die Physik oder eine andere Naturwissenschaft herausfinden, dass $p3$ Schmerz ist – ohne Disziplinen wie nicht-biologische Psychologie zu verwenden? Was Naturwissenschaftler hier sehen können, ist, dass das Gehirn des Patienten manchmal das Aktivierungsmuster $p3$ zeigt, aber dieses Muster ist physisch sehr verschieden von $p1$ und $p2$. Wie könnten die Naturwissenschaftler herausfinden, dass $p3$ zu derselben Gruppe gehört wie $p1$ und $p2$? Die physische Struktur allein gibt Ihnen nicht die Antwort, denn die physische Struktur ist sehr verschieden von den bisher beo-

---

[26] Dieses Beispiel ist angelehnt an Fodor (1974: 103 f.).

bachteten Strukturen. Das legt nahe, dass der Reduktionismus falsch ist: dass psychologische Theorien nicht auf physikalische Theorien reduzierbar sind, selbst wenn die Physik unendlich erfolgreich wäre. Bestimmte Dinge in der Welt machen für uns nur dann Sinn, wenn wir ein psychologisches Vokabular verwenden.

Das entscheidende Argument gegen den Reduktionismus kann so zusammengefasst werden:

(1)	Wenn der Reduktionismus wahr wäre, dann könnte jeder psychologische Ausdruck erfolgreich durch einen physikalischen Ausdruck ersetzt werden.	$p \rightarrow \forall x\{(Ax \wedge Px) \rightarrow \exists y(Ay \wedge Hy \wedge Exy)\}$
(2)	Es gibt psychologische Ausdrücke, die nicht erfolgreich durch einen physikalischen Ausdruck ersetzt werden können.	$\exists x\{Ax \wedge Px \wedge \neg \exists y(Ay \wedge Hy \wedge Exy)\}$
(3)	Folglich ist es nicht der Fall, dass der Reduktionismus wahr ist. (1, 2, Prädikatenlogik)	$\neg p$ [27]

---

[27] Hier ist das Lexikon für die rechte Spalte. p : Der Reduktionismus ist wahr. $A[\alpha]$: α is ein Ausdruck. $P[\alpha]$: α ist psychologisch. $H[\alpha]$: α is physikalisch. $E[\alpha, \beta]$: α kann erfolgreich durch β ersetzt werden.

Jemand könnte glauben, dass die Prämisse (2) falsch sei, da es eine Strategie gebe, psychologische Ausdrücke in solche zu übersetzen, die nur physikalisches Vokabular verwenden. Die Strategie bestehe darin, geistige Zustände als funktionale Zustände zu interpretieren (Funktionalismus). Der Funktionalismus beginnt mit der Feststellung, dass geistige Zustände von verschiedenen physischen Zuständen realisiert werden können (multiple Realisierbarkeit). Was wesentlich für einen geistigen Zustand ist, ist also nicht eine bestimmte physische Struktur. Stattdessen ist nach Meinung des Funktionalisten eine bestimmte Input-Output-Relation wesentlich für einen geistigen Zustand.

Der Input und der Output sind beide physisch. Das geistige Phänomen ‚hohe Motivation' zum Beispiel könnte übersetzt werden in etwas wie ‚Wenn Sie ihr einen Zettel voller Aufgaben geben, dann wird sie ihre Antworten sehr schnell niederschreiben'. (Das ist natürlich nicht ganz angemessen. Motivation ist ein viel komplizierteres Phänomen, und eine angemessene funktionalistische Beschreibung stiege tiefer in die physikalischen Details ein.) Die allgemeine Struktur ist diese: geistige Zustände als Input-Output-Relationen der Form $p_i \rightarrow p_o$ zu verstehen. Wenn der physische Zustand p_i der Input ist, dann wird der physische Zustand p_o der Output sein (die Reaktion). Die Weise, auf die diese Funktion realisiert ist (durch welche neuronale Struktur, zum Beispiel), ist nicht wesentlich für geistige Zustände, gemäß dem Funktionalismus. Die Tatsache, dass es die multiple Realisierbarkeit gibt, ist für den Funktionalismus also nicht interessant. Die Funktion selbst, die Input-Output-Relation, soll unabhängig von der Weise der Realisierung sein. Das scheint es zu ermöglichen, die Psychologie auf die Physik zu reduzieren; wir benötigen keine Disjunktionen mehr wie ($p1 \vee p2 \vee$ ...). Wir können jeden geistigen Zustand g durch einen bestimmten physikalischen Ausdruck $p_i \rightarrow p_o$ ausdrücken, wie es scheint.

Aber das wird nicht funktionieren; wenigstens nicht so einfach. Natürlich ist eine Sache, die für geistige Zustände typisch ist, eine bestimmte Input-Output-Relation, oder ein funktionaler Zustand. Aber es ist vermutlich nicht wahr, dass geistige Zustände funktionale Zustände *sind*. Wie John Searle mit anderen Worten sagte:[28] Zu behaupten, dass ein geistiger Zustand nichts anderes als eine Funktion sei, ist so wie zu behaupten, dass ein Zug nichts anderes als eine Funktion sei, sodass wenn ich an Ort A starte, ich dann an Ort B ankomme, während A und B Bahnhöfe sind. Es ist wahr, dass ein Zug mich von einer Station zu einer anderen bringt. Das ist eine Eigenschaft von Zügen, aber diese Eigenschaft ist nicht identisch mit dem Zug selbst. Da ist nicht nur der funktionale Zustand, sondern da ist auch *der Zug an sich* (seine Farbe, seine Form, das Material, das schwere Gewicht). Dasselbe gilt für geistige Zustände – obwohl es offenkundig viele Unterschiede zwischen Zügen und geistigen Zuständen gibt. Sie können dem Problem der multiplen Realisierbarkeit jedenfalls nicht dadurch gerecht werden, dass Sie die Realisierungen einfach gar nicht erwähnen.

---

[28] in *Intentionalität* (1987: 325 f.).

Eine wichtige Eigenschaft einige geistiger Zustände, die der Funktionalismus, so wie ich ihn beschrieben habe, nicht erwähnt, ist der phänomenale Charakter. Etwas zu genießen, bedeutet nicht nur, durch ein bestimmtes Verhalten zu reagieren. Was wesentlich für Genuss oder Freude ist, das ist ein charakteristisches Gefühl: eben der phänomenale Charakter. Und dieses Gefühl ist nicht eine Funktion. Es hat eine eigene Existenz. Es ist bei weitem nicht klar, wie der Funktionalismus dem phänomenalen Charakter geistiger Zustände gerecht werden könnte.

Die Mangelhaftigkeit des funktionalistischen Programms, das ich skizziert habe, wird besonders deutlich im Falle der sogenannten ‚invertierten Qualia' (*inverted qualia*). Stellen wir uns vor, dass für Bryan alles Rote so aussieht, als wäre es grün (alles Rote sieht für ihn „grünlich" aus). Und alles Grüne sieht für ihn so aus, aus wäre es rot (alles Grüne sieht für ihn „rötlich" aus).[29] Nichtsdestoweniger, da er ja die Farben rot und grün perfekt unterscheiden kann, denn sie sehen für ihn genauso verschieden aus wie für uns, deshalb reagiert er auf beide Farben genauso wie wir. Die Tatsache, dass grün rötlich für ihn aussieht und rot grünlich, beeinflusst seine funktionalen Zustände nicht. (Wieso sollte es auch?) Wenn der Funktionalismus, wie ich ihn beschrieben habe, korrekt wäre, dann gäbe es keinen Unterschied zwischen Bryan und uns im Hinblick auf die Wahrnehmung von Farben. Denn alles, was im Funktionalismus zählt, sind

---

[29] Ich lasse die Frage offen, ob das biologisch möglich ist. In einer Vorlesung habe ich gehört, dass es tatsächlich möglich sei, aber in Vorlesungen hört man vieles.

die funktionalen Zustände, die Input-Output-Relationen. Jedoch ist es falsch, zu sagen, dass es keinen geistigen Unterschied zwischen Bryan und uns gebe: Er nimmt rot und grün ganz anders wahr als wir. Der Unterschied besteht im phänomenalen Charakter der Sinneserlebnisse, und das funktionalistische Programm kann diesem Charakter nicht gerecht werden. Das ist der Grund, weshalb ich das funktionalistische Programm für inakzeptabel halte.

Ein anderer Weg, den Reduktionismus zu verteidigen, ist von Jaegwon Kim vorgeschlagen worden (1989). Er schreibt, dass wir anstelle von globalen Reduktionen (so wie der Übersetzung eines psychologischen Ausdrucks in einen einzelnen physikalischen Ausdruck) besser an lokale Reduktionen glauben sollten. Die Idee ist diese: Schmerz kann von verschiedenen Gehirnzuständen realisiert werden, aber das liegt nur daran, dass es verschiedene biologische Spezies gibt (was auch immer hier genau mit „Spezies" (*species*) gemeint ist). Verschiedene Spezies realisieren denselben geistigen Zustand auf verschiedene Weisen. Sobald wir uns auf eine Spezies konzentrieren, gibt es nur eine Weise, wie ein geistiger Zustand (Schmerz) realisiert werden kann. Für jede Spezies können wir also je ein reduktionistisches Prinzip aufstellen wie

$$s_i \rightarrow (g \leftrightarrow p_i)$$

Unter der Bedingung, dass der Organismus zu einer bestimmten Spezies s_i gehört, gibt es eine bestimmte physische Realisierung p_i des geistigen Zustands g. Wenn wir annehmen, dass das wahr sei: Wäre es genug, um den Reduktionismus zu retten? Nein.

Das Ziel des Reduktionismus ist es, das psychologische Vokabular loswerden und den Geist rein physikalisch betrachten zu können. Ausdrucke wie g müssten dann verschwinden können. (Wenn g nicht verschwinden kann, war die Reduktion nicht erfolgreich.) Also nehmen wir an, dass g verschwinden könne, so wie das reduktionistische Programm es möchte. Dann sähe die Formel für Schmerz so aus:

$$s_i \rightarrow p_i$$

Es gibt verschiedene Spezies $s1$, $s2$ etc., und sobald wir eine bestimmte Spezies s_i herausgreifen, gibt es eine bestimmte physische Realisierung von Schmerz p_i. Wir kämen dann bei solch einer Liste an:

$$s1 \rightarrow p1$$
$$s2 \rightarrow p2$$
$$s3 \rightarrow p3$$

mit $s1 \neq s2$, $s2 \neq s3$, $p1 \neq p2$, $p2 \neq p3$.

Das wäre der physikalische Ausdruck für Schmerz. Eine Übersetzung lautete so: Schmerz kann auf die Physik reduziert werden, denn Schmerz bedeutet ‚Wenn der Organismus zur Spezies $s1$ gehört, dann liegt die physische Struktur $p1$ vor; und wenn der Organismus zur Spezies $s2$ gehört, dann liegt die physische Struktur $p2$ vor; und wenn …‘ Aber nun stellt sich dieselbe Frage, die schon im Falle der Disjunktion ($p1 \vee p2 \vee$ …) aufkam: Die Physik allein kann nicht erklären, was zum Beispiel $p1$ und $p2$ gemeinsam haben. Warum gehören sie zur selben Gruppe? Der Grund besteht darin, dass sie beide *Schmerz* realisieren. Aber diese psychologische Redeweise soll ja verzichtbar sein, wenn der Reduktionismus funktioniert. Wir sollen uns auf physikalisches Vokabular beschränken können.

Wenn wir zum Beispiel eine neue Spezies finden, *s4*, und die entsprechende Formel $s4 \rightarrow p_i$ zu unserer Liste hinzufügen möchten: Wie können wir wissen, welche physische Struktur p_i die richtige für unsere Liste ist? Vielleicht ist das Gehirn der Spezies *s4* ganz anders als die Gehirne von *s1*, *s2* und *s3*. Die physische Struktur, die den Schmerz von *s4* realisiert, ist daher ganz anders als *p1*, *p2* und *p3*. Dann werden Sie mit der Hilfe der Physik allein nicht herausfinden, welche physische Struktur zur Liste hinzugefügt werden sollte. Wenn Sie dagegen psychologisches Vokabular verwenden, erinnern Sie sich, dass unsere Liste eine *Schmerz*-Liste ist. Wir sprechen über ein bestimmtes geistiges Phänomen, welches Schmerz ist, und für das ein bestimmtes Gefühl charakteristisch ist. Was wir zur Liste hinzufügen müssen, ist diejenige Realisierung *p4*, die bei der Spezies *s4* das Gefühl des Schmerzes begleitet. (Und wenn der Schmerz im Falle von *s4* auf verschiedene Weisen realisiert werden kann, dann fügen wir alle Realisierungen hinzu.) Dabei handelt es sich um ein psychologisches und nicht um eine physikalisches Unterfangen.

Ich hoffe, es ist klar geworden, weshalb der Materialismus vermutlich wahr ist und der Reduktionismus vermutlich falsch.

5 Über die Frage, ob alles fließt

Es ist geschrieben worden, dass die Welt nicht aus separaten Objekten oder Tatsachen bestehe, sondern dass alles wesentlich von anderen Dingen abhänge, oder sogar, dass alles von allem abhänge. Jemand könnte so weit gehen, zu sagen, dass es gar keine ,Dinge' gebe; die Welt sei ein Ganzes und könne nicht in Teile zergliedert werden. Es gebe keine Grenze zwischen einem Ding und einem anderen. Nichts bleibe im Verlaufe der Zeit gleich; alles fließe. Das Ganze sei ununterbrochen im Wandel. Ich nenne diese Position die ,Alles fließt'-Position.

Einige Menschen mögen diese Position reizvoll finden. Wissen wir, dass die Position wahr ist? In diesem Kapitel argumentiere ich für die These, dass die ,Alles fließt'-Position kein Beispiel für philosophisches Wissen darstellt. Es kann sogar umgekehrt gesagt werden, dass wir wissen, dass *nicht* alles fließt. Denn anscheinend gibt es keine guten Gründe dafür, zu glauben, dass alles fließe.

David Bohm hat ausdrücklich für die Behauptung argumentiert, dass alles fließe, und zwar in seinem Buch *Wholeness and the Implicate Order* (1980). Seine Argumente hängen mit der Quantenmechanik zusammen, einer der grundlegenden Theorien in der gegenwärtigen Physik, die besonders das Verhalten von Materie auf Mikrolevel (atomarem und subatomarem Level) beschreibt. Wie hängt die Quantenmechanik mit der Idee zusammen, dass alles fließe? Ein entscheidender Punkt scheint dieser zu sein: Die Objekte, die von der Quantenmechanik beschrieben werden, können gemäß einigen Interpretationen nicht als separate Partikel verstanden werden. Zum Beispiel scheinen zwei Atome, die weit von einander entfernt sind, von einander abzuhängen: Wenn eines der beiden die Eigenschaft ‚Spin 0,5' besitzt, dann steigt die Wahrscheinlichkeit, dass das andere die Eigenschaft ‚Spin 1,0' besitzt. Die Eigenschaften der beiden Atome sind korreliert (Paradoxon von Einstein, Podolsky und Rosen). Da es keine Interaktion zwischen den Atomen gibt, wird die Korrelation so interpretiert: Die Atome sind keine separaten Objekte, sondern gehören irgendwie zusammen. Es macht nicht einmal Sinn, so scheint es, von zwei Objekten zu sprechen. Solche Phänomene sind von David Bohm zu der Aussage generalisiert worden, dass die ganze Welt nicht aus separaten Objekten bestehe, sondern aus einem Ganzen.

So weit, so gut. Aber wie kann dies zeigen, dass alles fließe? Was die erwähnte Interpretation der Quantenmechanik nahe legt, ist, dass Objekte nicht getrennt, nicht unabhängig von einander sind; vielleicht könnte man schließlich sagen, dass alles von allem abhängt. (Ob das eine Übertreibung wäre, weiß ich nicht.) Aber eine solche Aussage ist verschieden von der Aussage, dass alles fließe. Die Aussage, dass alles fließe, beinhaltet die Vorstellung, dass im Verlaufe der Zeit nichts gleich bleibe, dass nichts stabil sei; dass es deshalb keine Objekte gebe, weil alles einen Moment später schon nicht mehr dasselbe sei. Das ist eine Aussage über den Zusammenhang zwischen Objekten und der Zeit. Diese Aussage sollte getrennt werden von der Aussage, dass Objekte voneinander abhängen; *dies* ist eine Aussage über das Verhältnis von Objekten zueinander. Ich nehme an, dass die Quantenmechanik gute Gründe liefern kann für die Meinung, dass das Verhältnis von Objekten zueinander nicht so ist, wie wir dachten. Aber hier sind wir nicht mit dem Verhältnis von Objekten zueinander beschäftigt. Wir sind beschäftigt mit dem Zusammenhang zwischen Objekten und der Zeit – mit der These, dass alles fließe. Gibt es ein Argument für *diese* These?

Wenn Bohm dafür argumentiert, dass alles fließe (er nennt dieses Prinzip „flow"), bezieht er sich auf den antiken griechischen Philosophen Heraklit: „Der Gedanke, dass die Realität als Prozess zu verstehen ist, ist antik, und er reicht mindestens bis zu Heraklit zurück, der sagte, dass alles fließt." (Bohm 1980: 48; meine Übersetzung) Außerdem beruft er sich auf den antiken griechischen Philosophen Zenon (vgl. S. ix). Wir sollten also versuchen, dort ein Argument für die ‚Alles fließt'-Position zu finden.

Interessanterweise wird man kein Argument für die ‚Alles fließt'-Position finden, wenn man die relevanten Theorien von Heraklit und Zenon studiert. Soweit wir wissen, hat Heraklit gar nicht geschrieben, dass alles fließe (obwohl ihm das oft unterstellt wird). Und das Paradoxon von Zenon, auf das Bohm Bezug nimmt, liefert kein Argument für die These, dass alles fließe.

Lasst uns mit Heraklit beginnen. Die Aussage, dass alles fließe (griechisch ‚Panta rei'), kann in keiner der Schriften gefunden werden, die von ihm überliefert sind. Wilhelm Capelle erklärt (1968):

„Die lapidare Formung des Gedankens in dem berühmten ‚Panta rei' beruht erst auf Formulierungen des Aristoteles [der Heraklit interpretierte], wo es aber so wörtlich auch nicht steht." (132, Anmerkung)

Was tatsächlich in Heraklits Texten über unser Thema zu finden ist, sind diese Fragmente:

„Denen, die in dieselben Flüsse steigen, fließt immer anderes Wasser zu." (Heraklit: fr. 12; meine Übersetzung)

„Wir steigen in dieselben Flüsse ein, und doch steigen wir nicht in dieselben ein; wir sind es, und wir sind es nicht." (fr. 49a; meine Übersetzung)

Ich werde nicht entscheiden, ob das eine ‚Alles fließt'-Position ausdrückt oder nicht. Es klingt sicherlich ähnlich wie eine solche Position, aber die Sache ist wohl nicht klar. Und offensichtlich ist: Ein *Argument* für die ‚Alles fließt'-Position ist hier nicht zu finden. Lasst uns also einen Blick auf Zenons Paradoxon werfen, auf das sich Bohm auch beruft.

Das berühmte Paradoxon soll zeigen, dass in einem Wettrennen zwischen Achill und einer Schildkröte – wobei Achill viel schneller rennt als die Schildkröte, jedoch ein paar Meter hinter ihr startet –, dass in einem solchen Lauf Achill die Schildkröte niemals überholen oder einholen könne. Hierfür soll es mathematische Gründe geben: Aus mathematischer Sicht, so scheint es, gibt es keinen bestimmten Moment oder Ort, an dem Achill die Schildkröte einholt. Er kommt zwar immer näher, sodass der Abstand zwischen der Schildkröte und ihm immer kleiner wird, aber der Abstand ist nie genau

Null. Das geht unendlich lang weiter, da der Raum in der Mathematik immerfort geteilt werden kann. Und dies sieht aus wie ein Beispiel für den ,Alles fließt'-Charakter der Wirklichkeit.

Aber genauso wie es in Heraklits Schriften kein Argument für die ,Alles fließt'-Position gibt, ist auch in Zenons Paradoxon kein solches zu finden. Erstens ist das Gedankenexperiment, wonach Achill die Schildkröte niemals einholt, keine adäquate Beschreibung der Realität; es ist eher das Gegenteil. In der Realität ist es ja offenkundig so, dass der schnellere Läufer den langsameren überholt und nicht nur immer näher und näher kommt. Wenn der Wettlauf stattfände, dann würde Achill die Schildkröte natürlich überholen. Zenons Paradoxon kann nicht als eine Beschreibung der Wirklichkeit verstanden werden, sondern es zeigt eher, wie die Wirklichkeit *wäre*, wenn bestimmte mathematische Betrachtungen physikalisch korrekt wären. Da die Wirklichkeit aber anders beschaffen ist (der schnellere Läufer überholt den langsameren), müssen wir die Idee aufgeben, dass bestimmte mathematische Betrachtungen physikalisch korrekt seien. Die Physik – die grundlegende Beschreibungen der Wirklichkeit bereitstellt – funktioniert anders als diese simplen mathematischen Überlegungen (die übrigens ihrerseits falsch sind, wie ich gleich deutlich machen werde). Was das Paradoxon von Zenon ausmacht, ist also vielleicht dies:

(1)	Wenn die mathematische Idee, dass der Raum fließe (dass er unendlich teilbar sei), physikalisch korrekt wäre, dann könnte	$p \rightarrow q$

	ein schneller Läufer niemals einen langsamen überholen.	
(2)	Es ist nicht der Fall, dass ein schneller Läufer einen langsamen niemals überholen kann.	$\neg q$
(3)	Folglich ist es nicht der Fall, dass die mathematische Idee, dass der Raum fließe, physikalisch korrekt ist. (1, 2, *modus tollens*)	$\neg p$

Die Realität funktioniert also gerade nicht so, wie die ‚Alles fließt'-Position es uns erzählt. Und Zenon wusste das: Er lebte im fünften Jahrhundert vor Christi und war ein Schüler des Parmenides. Wie sein Lehrer glaubte er an das Gegenteil einer ‚Alles fließt'-Position: Er glaubte, dass es in der wirklichen Welt keine Bewegung gebe. (vgl. zum Beispiel Fragment 14, in Capelle 1968: 177) Um zu zeigen, dass keine Bewegung existiere, begann er mit der gegenteiligen Position, der Position, dass Bewegung wirklich existiere, und versuchte zu zeigen, wie diese Position in Schwierigkeiten führt. Diese Schwierigkeiten – und eine davon war vermutlich das Gedankenexperiment mit Achill und der Schildkröte – wurden von ihm als Beweise für die Unbewegtheit der existierenden Dinge gedeutet. Natürlich klingt diese Theorie Zenons übertrieben, und wir sollten hier nicht auf seine Philosophie eingehen.[30]

---

[30] Nur eine historische Bemerkung: Zenons Paradoxon taucht in den Fragmenten, die von Zenon überliefert sind, nicht auf. Es ist

Nun könnte jemand glauben, dass Zenons Paradoxon zumindest zeige, dass *gemäß der Mathematik* alles fließt. Aber nicht einmal dies ist der Fall. Die Idee, dass Achill die Schildkröte niemals ein- oder überholen könne, ist nicht nur physikalisch inadäquat, sondern auch mathematisch inadäquat. Das kann man durch diese Überlegung grob zeigen:

Die Idee des Paradoxons ist diese. Achill startet hinter der Schildkröte, sagen wir 100 Meter hinter ihr. Beide starten zur selben Zeit. Achill ist durchgehend 10mal so schnell wie die Schildkröte. Stellen wir uns vor, wie das Wettrennen verläuft. Angenommen, Achill hat den Punkt erreicht, an dem die Schildkröte gestartet ist; er hat die 100 Meter zurückgelegt. Zu dieser Zeit ist die Schildkröte schon 10 Meter vorangekommen, da sie ja 10mal langsamer ist. Achill ist jetzt 10 Meter hinter ihr. Angenommen, Achill läuft diese 10 Meter. Dann wird die Schildkröte 1 Meter vorangekommen sein. Achill liegt jetzt also 1 Meter zurück. Sobald er den Punkt erreicht hat, an dem die Schildkröte jetzt ist, wird die Schildkröte 0,1 Meter voraus sein. Und das geht unendlich so weiter: Der Abstand wird immer kleiner, aber anscheinend kommt es niemals dazu, dass Achill die Schildkröte einholt oder ihr voraus ist.

Geben wir eine etwas präzisere Beschreibung.[31] Berechnen wir die Strecke, die Achill laufen muss, bis er die Schildkröte

---

Aristoteles, der Zenons Paradoxon erwähnt, in seiner *Physik* VI 9.239 b14 ff., siehe die Übersetzung in Capelle (1968: 178).

[31] Die nun folgende Diskussion basiert auf: Institut für Mathematik Paderborn (2009). Leider enthält diese Internetseite einen Fehler, den der interessierte Leser schnell finden wird.

einholt. Wie wir sagten, muss er 100 Meter laufen, dann noch einmal 10, dann 1 Meter, 0,1 Meter usw. Die Strecke, die er benötigt, entspricht also dieser Reihe (in Metern):

100 + 10 + 1 + 0,1 + 0,01 + …

Denn sobald er 100 Meter zurückgelegt hat, ist die Schildkröte ja 10 Meter vorangekommen, die Achill aufholen muss, und dann wird die Schildkröte 1 weiteren Meter vorangekommen sein usw. Die obige Reihe kann auch so dargestellt werden:

$$\sum_{s=0}^{\infty} \left[100 * \left(\frac{1}{10} \right)^s \right]$$

Als Dezimalzahl geschrieben, erhalten wir:

111,11111111…

Dies ist also das „Problem" in Zenons Paradoxon, beschrieben im heutigen mathematischen System: Wenn Sie die Strecke, die Achill laufen muss, bis er die Schildkröte genau einholt, als Dezimalzahl niederschreiben, dann benötigen Sie unendlich viel Platz. Die Serie von Einsen (111,111 …) kommt nie zu einem Ende. Aber das ist nur ein Weg, die Strecke darzustellen. Oben schrieb ich eine andere Darstellung nieder, die mit dem Summenzeichen, und dort ist nichts problematisch.

Was wird zum Beispiel passieren, wenn Achill 112 Meter gelaufen ist? Zu diesem Zeitpunkt wird er definitiv die

Schildkröte überholt haben. Denn 112 ist größer als jene Zahl 111,111 …, die er benötigt, um die Schildkröte einzuholen. Aus mathematischer Sicht ist es also genauso einleuchtend wie aus physikalischer Sicht, dass Achill die Schildkröte einholen und überholen kann. Die Zahl 111,111… ist, wenn Sie eine dezimale Darstellung wählen, zwar unendlich lang, aber die Zahl ist nicht unendlich *groß*. Die Zahl 112 ist zum Beispiel größer als 111,111 … Und das ist der Grund, weshalb Achill an der Schildkröte vorbeiziehen kann. Das einzige mathematische Problem, das mit Zenons Paradoxon zusammenhängt, ist die Tatsache, dass die Zahl von Metern, die Achill zu laufen hat, um die Schildkröte einzuholen, nicht als abbrechende Dezimalzahl dargestellt werden kann.[32]

---

[32] Bohm bietet eine andere Interpretation von Zenons Paradoxon an. Zenon war der Meinung, dass das – angebliche – Problem mit Achilles und der Schildkröte eine Folge der falschen Position sei, dass alles fließt. Bohm denkt dagegen, dass das angebliche Problem mit Achill und der Schildkröte eine Folge des *gegenteiligen* Prinzips sei: des Prinzips, dass die Zeit in Teile zergliedert werden könne. Mit der Hilfe seiner Flow-Theorie, so glaubt Bohm, könne Zenons Problem vermieden werden. (vgl. Bohm 1980: 200 f.) Ich denke jedoch, gezeigt zu haben, dass es hier gar kein Problem gibt. Zenons Gedankenexperiment ist gar kein Problem. – Bohm bietet außerdem ein anderes Argument für die These an, dass alles fließe: Wir nehmen Musik und Videos nicht als Sequenzen von Teilen wahr, sondern als fließend. (Kapitel 7) Das ist ein interessantes psychologisches Phänomen, das etwas über unsere Wahrnehmung aussagt. Aber unsere Wahrnehmung der Welt ist, wie jedermann weiß, in vielen Fällen bei weitem nicht identisch mit der wirklichen Natur der Welt.

Es sollte zusammengefasst werden, dass weder die Schriften des Heraklit noch Zenons Paradoxon irgendein Argument für die These liefern, dass alles fließe.

6 Über den Utilitarismus

6.1 Einleitung

Bisher habe ich einige Beispiele für gut begründete Thesen in der theoretischen Philosophie gegeben, nämlich in der Philosophie des Geistes, der Wissenschaftstheorie und der Metaphysik. Jetzt können wir einen Blick auf die praktische Philosophie werfen, namentlich die Ethik. Was können wir über unsere moralischen Verpflichtungen wissen? Streng genommen habe ich keine Antwort auf diese Frage. Was allerdings den Status von Wissen haben mag, ist diese These, dass es eine ziemlich überzeugende ethische Theorie gibt: den Utilitarismus. Die Plausibilität des Utilitarismus ist das Thema dieses Kapitels.

Der Utilitarismus ist ein Typ von Antworten, die auf die Frage gegeben worden sind, was wir tun müssen oder sollten.[33] Der Utilitarismus ist die Position, dass Sie immer das tun sollten, was zu der größtmöglichen Menge von Nutzen führt. Wenn Sie also drei Optionen haben, wie Sie handeln können, so wählen Sie die Option, die zu mehr Nutzen führt als die anderen (und wenn zwei Optionen zu demselben Nutzen führen, dann ist es moralisch gleichgültig, welche von beiden Sie wählen). Nutzen ist nicht identisch mit Geld, sondern zum Beispiel mit Glück, oder genauer: mit der Summe von Glücklichsein und Unglücklichsein, wobei

---

[33] Ich behandle Ausdrücke wie „S muss x tun', „S sollte x tun' und ‚es ist S's Verpflichtung, x zu tun' identisch, obwohl diese Ausdrücke verschiedene Konnotationen haben.

Glücklichsein durch eine positive Zahl ausgedrückt werden kann und Unglücklichsein durch eine negative Zahl. Ein wichtiges Merkmal des Utilitarismus ist das Prinzip, dass Sie nicht nur die Konsequenzen für Sie selbst, sondern auch die Konsequenzen für alle anderen empfindungsfähigen Wesen berücksichtigen sollen, auf die Ihre Handlung einen Einfluss hat.

Es gibt verschiedene Formen des Utilitarismus, und ich werde nur eine Form diskutieren, oder eine Gruppe von Formen – diejenige, die ich für die überzeugendste halte. Ich werde einfach „Utilitarismus" sagen, wenn ich über diese Form oder Gruppe von Formen des Utilitarismus spreche. Verschiedene Argumente gegen den Utilitarismus sind entwickelt worden, und sie scheinen so offensichtlich berechtigt zu sein, dass viele Leute den Utilitarismus für eine inakzeptable ethische Theorie halten. Ein Beispiel ist Ernst Tugendhat (1993: besonders 325 ff.).[34] Ein Beispiel aus dem amerikanischen Raum ist Sterling Harwood (1993). Er schrieb:

> „Obwohl ich einige der Einwände gegen den Utilitarismus, die es meiner Ansicht nach wert waren, erwähnt zu werden, ablehne …, haben die verbleibenden Einwände zusammen genug Kraft, um mich und viele andere zu überzeugen, dass der Utilitarismus verworfen werden sollte." (153; meine Übersetzung)

---

[34] Leider kann ich nicht alle Details von Tugendhats Kritik diskutieren.

Allerdings argumentiere ich dafür, dass ein genauerer Blick auf den Utilitarismus helfen kann, die Theorie gegen die meisten Einwände zu verteidigen. Einige der Argumente gegen den Utilitarismus sind einfach nicht korrekt, und der Utilitarismus ist wesentlich überzeugender, als es scheint. Das wird die wesentliche These in diesem Kapitel sein. Allerdings bleiben einige Schwierigkeiten bestehen, wie wir am Ende sehen.

Der Utilitarismus, wie ich ihn hier diskutiere, hat diese ungefähren Merkmale:

- Ob eine Handlung moralisch richtig oder falsch ist (und der Grad der Richtigkeit oder Falschheit), hängt nur von den Konsequenzen dieser Handlung ab (Konsequentialismus). Wenn es keine mögliche alternative Handlung gibt, die insgesamt bessere Konsequenzen hätte, dann ist die Handlung moralisch richtig; andernfalls ist sie moralisch falsch.

- Der Utilitarismus bewertet einzelne Handlungen. (Handlungsutilitarismus) Das heißt, es gibt keine richtigen allgemeinen Regeln wie ‚Lüge nicht!‘. Ob eine Handlung moralisch richtig oder falsch ist, hängt von den Konsequenzen genau dieser Handlung ab – und nicht von dem Typ von Handlung, zu dem die Handlung gehört. Es kann zum Beispiel Fälle geben, in denen eine Lüge insgesamt positive Auswirkungen hat; in einem solchen Fall kann Lügen moralisch richtig sein.

- Welche Art von Konsequenzen bestimmt, ob eine Handlung moralisch richtig oder falsch ist? Alles, was in moralischer Hinsicht zählt, sind gefühlte Zufriedenheit und Unzufriedenheit. Ich werde auch von Glücklichsein und Unglücklichsein sprechen, von „hedons" und „dolors". Es gibt keinen wesentlichen Unterschied zwischen diesen Bezeichnungen, abgesehen davon, dass die Ausdrücke ‚hedons' und ‚dolors' genauer sind, weil hier eine Quantifizierung möglich ist. Eine bestimmte Handlung kann zum Beispiel zu 5 hedons und 10 dolors führen; das heißt, die Handlung führt zu doppelt so viel Unglücklichsein (Unzufriedenheit) wie Glücklichsein (Zufriedenheit). Eine solche Handlung ist moralisch falsch, es sei denn, es gibt keine bessere Alternative.

- Der Utilitarismus berücksichtigt das Glücklichsein und Unglücklichsein im gesamten Universum. Da nicht jedes Ding im Universum fähig ist, hedons und dolors zu fühlen (zum Beispiel Freude und Schmerz zu fühlen), muss nicht jedes Wesen berücksichtigt werden. Ein Stein zum Beispiel ist vermutlich kein empfindungsfähiges Wesen; die Folgen, die meine Handlungen für einen Stein haben, sind moralisch irrelevant, es sei denn, der Zustand des Steins hat seinerseits Folgen für ein empfindungsfähiges Wesen. Die Folgen, die meine Handlungen für Tiere haben, die Schmerz empfinden können, *sind* moralisch relevant.[35]

---

[35] In meiner Analyse zählen Schmerz, Leiden, Unglücklichsein und Unzufriedenheit einfach zu derselben Gruppe. Damit ist nicht gemeint, dass Schmerz und Leiden einfach dasselbe seien wie die Unzufriedenheit nach einem verlorenen Fußballspiel.

Diese Merkmale lassen sich vielleicht so zusammenfassen:

> **Utilitarismus** =df. Eine Handlung ist genau dann moralisch richtig, wenn sie im Vergleich mit allen Alternativen zu dem größtmöglichen Glück im Universum führt.

Wir können den Ausdruck ‚Glück' als die Summe von hedons und dolors verstehen, wobei hedons positive Zahlen sind und dolors negative Zahlen. Nehmen wir zum Beispiel an, dass ich die Wahl zwischen zwei Handlungen habe. Die erste Handlung würde Emily ein wenig unglücklich machen (1 dolor, das heißt: -1); den Hund würde es nicht kümmern (0); und Tim wäre sehr glücklich darüber (5). Es gibt, wie wir der Einfachheit halber annehmen wollen, keine Folgen für andere empfindungsfähige Organismen im Universum. Die Gesamtmenge des Glücks ist dann:

$$-1 + 0 + 5 = 4$$

Die andere mögliche Handlung ist diese: Ich tue gar nichts, was Emily ein wenig glücklich machen würde (1); den Hund würde es nicht kümmern (0); und Tim wäre ein wenig unzufrieden darüber (-1). Die Gesamtmenge des Glücks wäre:

$$1 + 0 - 1 = 0$$

In diesem Fall ist es meine moralische Verpflichtung, die erste Handlung zu vollziehen, da sie zu mehr Glück führt als die zweite. Genauso gilt, dass wenn ich vor einer anderen

---

Starker Schmerz und Leiden sind natürlich *extreme* Fälle von Unglücklichsein. Sie werden deshalb durch negative Zahlen mit hohen Beträgen symbolisiert.

Entscheidung stehe, bei der die erste Option zu einer Summe von -5 und die zweite zu einer Summe von -9 führte, ich die erste zu wählen habe, da sie im Vergleich besser ist.

Bisher habe ich die Diskussion in einer wichtigen Hinsicht vereinfacht. Ich habe einfach unterstellt, dass das Glück, welches unsere Handlungen zur Folge haben, berechnet werden könne. Aber in Wahrheit ist es niemandem von uns möglich, alle Folgen, die unsere Handlungen für jedes empfindungsfähige Wesen haben, vollständig zu kalkulieren. Es wären zu viele Dinge zu berücksichtigen (die Berechnung würde viel Zeit benötigen), und es gibt viele Unwägbarkeiten: Ich kann nie oder fast nie sicher sein, welche Folgen meine Handlungen haben werden. Aber es ist gar nicht notwendig, dass wir die tatsächlichen Konsequenzen berechnen; wir sollten die zu *erwartenden* Konsequenzen beachten. Wenn ich ein Ingenieur bin und ein Haus so baue, dass es instabil ist, es dann verkaufe und das Land verlasse, dann kann ich erwarten, dass die Konsequenzen auf das Glück im Universum insgesamt negativ sein werden, obwohl es eine gewisse Möglichkeit gibt, dass nichts Schlechtes passiert. Da negative Konsequenzen zu erwarten sind, ist die Handlung vermutlich falsch.

Niemand sollte zu viel Zeit in detaillierte Glücks-Kalkulationen investieren. Obgleich eine genaue Berechnung zu besseren Handlungen führen kann, sollte beachtet werden, dass die für die Berechnung anfallende Zeit eine Art Preis ist, den wir zahlen. Erstens sind solche Kalkulationen im Alltag lästig und reduzieren daher unserer eigenes Glück – welches ja genauso wichtig ist wie das Glück einer anderen

Person. Und zweitens, je mehr Zeit wir in diese Kalkulationen investieren, desto weniger Zeit bleibt für gute Handlungen übrig. Es ist offensichtlich, dass hier ein mittlerer Weg vonnöten ist: Wir sollten denken, bevor wir handeln, aber wir sollten nicht so viel denken, dass unsere Handlungen zu spät kommen.

Lasst uns nun einige Argumente gegen den Utilitarismus diskutieren. Ich denke, dass die meisten dieser Argumente nicht korrekt sind, und dass der Utilitarismus daher stärker ist, als er aussehen mag. Die Argumente gegen den Utilitarismus, die ich erwähne, basieren vor allem auf Harwoods elf Einwänden gegen den Utilitarismus (1993), aber meine Diskussion ist auch beeinflusst von Tugendhat (1993) und Otfried Höffe (2008: 7-51). Während diese Autoren den Utilitarismus schließlich ablehnen, werde ich ihn als eine vergleichsweise gute Theorie anerkennen. Die Weise, wie ich den Utilitarismus verteidige, ist wesentlich beeinflusst von Peter Singers Buch *One World* (2002).

6.2 Einige fehlerhafte Argumente gegen den Utilitarismus

Argumente gegen den Utilitarismus (und vermutlich gegen andere moralische Positionen ebenso) haben üblicherweise diese Struktur: Der Utilitarismus habe eine bestimmte Konsequenz, die wir nicht hinnehmen können; daher lehnen wir den Utilitarismus ab. Das logische Prinzip ist der *modus tollens*. Wenn wir die (angeblich) inakzeptable Konsequenz des Utilitarismus p nennen, dann ist die logische Struktur diese:

Wenn der Utilitarismus wahr wäre, dann p. Es ist nicht der Fall, dass p. (Denn p ist inakzeptabel.) Deshalb ist der Utilitarismus nicht wahr.

(1)	Wenn der Utilitarismus wahr wäre, dann p.	$u \rightarrow p$
(2)	Es ist nicht der Fall, dass p.	$\neg p$
(3)	Folglich ist es nicht der Fall, dass der Utilitarismus wahr ist. (1, 2, *modus tollens*)	$\neg u$

Hier hängt viel von unseren Intuitionen ab. Denn wenn der Utilitarismus die Konsequenz p hat und wir p für falsch halten: Wie können wir wissen, dass p falsch ist? Das kann nicht rein naturwissenschaftlich herausgefunden werden; wir sprechen über moralische Themen. Der Punkt ist, dass wir (oder die meisten von uns) eine starke Intuition haben, dass p, eine Konsequenz des Utilitarismus, falsch sei. Und auf diese Intuition vertrauen wir einfach, weil wir es inakzeptabel finden, ohne sie zu leben. Ich werde diese Methode nicht kritisch hinterfragen; ich werde unsere wesentlichen moralischen Intuitionen akzeptieren. Was ich bezweifeln werde, ist die Wahrheit der ersten Prämisse: der Prämisse, dass der Utilitarismus überhaupt eine solche problematische Konsequenz habe. In vielen Fällen sieht es nur so aus, als ob der Utilitarismus eine solche Konsequenz hätte, während er in Wirklichkeit andere, plausible Konsequenzen hat.

Eine Konsequenz, die der Utilitarismus zu haben scheint, ist die moralische Richtigkeit von Betrug und Ehebruch (in vielen Fällen). Denn alles, was gemäß dem Utilitarismus zählt, sind die Folgen unserer Handlungen: die Zufriedenheit und Unzufriedenheit, die durch unsere Handlungen verursacht werden. Nehmen wir nun an, dass Martha ihren Ehemann betrügen möchte. Sie ist im Begriff, eine Affäre mit jemandem zu beginnen, während ihr Mann, ein verantwortungsvoller und treuer Mensch, an einem anderen Ort arbeitet, um Geld für die Familie zu verdienen. Es ist zu erwarten, dass der Ehemann nichts von der Affäre erfahren wird; Martha ist sehr vorsichtig. Soweit man es voraussehen kann, wird der Ehemann glücklich bleiben. Dann scheint der Utilitarismus Martha zu gestatten – oder sie sogar zu verpflichten –, ihren Ehemann zu betrügen. Denn niemand wird dadurch unglücklicher werden, und sie selbst etwas glücklicher. Aber diese Konsequenz erscheint inakzeptabel: Der Ehebruch ist moralisch falsch. (Nun, ich kenne ja Ihre moralischen Intuitionen nicht. Vielleicht sind Sie der Meinung, dass Marthas Verhalten in Ordnung sei. Dann werden wir vermutlich keine Freunde sein.) Die Struktur ist diese:

(1)	Wenn der Utilitarismus wahr wäre, dann wäre Marthas Ehebruch moralisch richtig.	$u \to p$
(2)	Es ist nicht der Fall, dass Marthas Ehebruch moralisch richtig ist.	$\neg p$
(3)	Folglich ist es nicht der Fall, dass der Utilitarismus wahr ist. (1, 2, *modus tollens*)	$\neg u$

Aber ich denke, dass wir uns hier keine Sorgen machen sollten: Die Prämisse (1) ist nicht wahr. Der Utilitarismus kann erklären, weshalb Fälle von Ehebruch, so wie Marthas Fall, moralisch falsch sind. Erstens sollte Martha nicht einfach davon ausgehen, dass ihr Ehemann nicht von der Affäre beeinflusst werde. Denn selbst wenn sie vorsichtig ist und ihr Mann voraussichtlich nichts von dieser bestimmten Affäre erfahren wird, kann es zu Veränderungen in ihrem Verhalten kommen, die darauf hindeuten, dass etwas passiert ist. Und das wäre eine Folge des Ehebruchs, die ihn vermutlich unglücklichen machen würde oder sogar die Beziehung und die Familie beschädigt. Daher kann der Utilitarismus die meisten Fälle von Ehebruch als moralisch falsch ablehnen.

Aber wenn der Utilitarismus überzeugend sein möchte, dann muss es einen zweiten Grund geben. Denn der erste Punkt – dass der Ehemann und die Beziehung von den indirekten Folgen des Ehebruchs beeinträchtigt werden könnten – ist intuitiv nicht stark genug, um die wesentliche Falschheit von Marthas Verhalten zu erklären. Selbst wenn wir die eher unrealistische Annahme machen, dass der Ehebruch keinerlei negative Auswirkungen auf den Ehemann hat, scheint Marthas Verhalten den meisten von uns noch immer falsch zu sein.

Der Grund mag darin liegen, dass Fälle von Ehebruch nicht nur für denjenigen schlecht sind, der betrogen wird, sondern *allgemein*. Soviel ich weiß, kann der Ehebruch Marthas eigenen Charakter negativ beeinflussen; sie muss sich ja Ausreden einfallen lassen, vielleicht auch lügen, für den Fall dass jemand sie fragt, wo sie an diesen Tagen war und was sie tat. Sie wird vielleicht ein schlechtes Gewissen haben, oder aber abstumpfen und sich an das Lügen gewöhnen, jedenfalls wird ihre innere Harmonie langfristig beschädigt sein. (Ich meine die Harmonie, die meines Wissens nur diejenigen besitzen, die zu ihren Mitmenschen recht gut sind.) Der Utilitarismus kann den Ehebruch also deshalb verurteilen, weil es früher oder später eine Menge Unglück gibt, das aus dem Ehebruch folgt.[36]

Lasst uns ein zweites Argument gegen den Utilitarismus besprechen. Was im Utilitarismus moralisch relevant ist, ist die Summe von hedons und dolors (Zufriedenheit und Unzufriedenheit) *im gesamten Universum.* Anscheinend müssen wir also auf alle Rücksicht nehmen, und sogar auf alle in demselben Ausmaß. Angenommen, Jim hat einen kranken Sohn und möchte die bestmögliche medizinische Behandlung durchführen lassen. Durch sein Geld hat Jim die Möglichkeit, den Arzt dazu zu bringen, dass sein Sohn die beste Medizin erhält. Aber wenn er das tut, dann können zwei andere Patienten, die andernfalls gerettet werden könnten, die Medizin nicht erhalten. Denn die Menge an Zeit und Medizin ist begrenzt, und der Fall von Jims Sohn ist ein besonders komplizierter. Nun stellen wir uns vor, dass Jim sich um seinen eigenen Sohn mehr sorgt als um die beiden anderen

---

[36] Manches, was ich hier geschrieben habe, klingt ziemlich konservativ. Mindestens die These, dass ein Ehebruch sich schlecht auf die Beziehung auswirkt, wird heutzutage von vielen bestritten, soviel ich weiß. Nun, wenn der Ehebruch tatsächlich sowohl den Ehebrecher als auch die Beziehung glücklicher macht und es nichts weiter dazu zu sagen gibt, dann wird der Utilitarismus natürlich nichts gegen den Ehebruch einwenden. Aber das wäre dann keine unplausible, sondern eine plausible Konsequenz des Utilitarismus.

Patienten zusammen. Er bringt den Arzt dazu, seinen Sohn zu behandeln, sodass dieser gerettet wird und die anderen beiden krank bleiben oder sogar sterben. (Das ist ein einfaches Beispiel, sicherlich einfacher als jeder realistische Fall. Aber einfache Fälle mögen dazu geeignet sein, für Klarheit zu sorgen.)

Scheinbar bewertet der Utilitarismus Jims Verhalten als falsch: Jim verursacht ja eine Menge Leid oder Unzufriedenheit (zwei Patienten können nicht mit der Medizin behandelt werden) und weniger Zufriedenheit („nur" eine Person, sein Sohn, erhält die Medizin). Die alternative Handlung – den eigenen Sohn nicht über die anderen Patienten zu stellen – wäre schlecht für eine Person und gut für zwei. Daher scheint Jims Verhalten gemäß dem Utilitarismus falsch zu sein. Intuitiv würden wir aber, denke ich, ein solches Urteil gegen Jim nicht fällen. Die meisten Menschen denken, dass wir uns um unsere Familie mehr sorgen sollten als um Leute, die wir nicht kennen. Einige würden sagen, dass Jims Handlung weder moralisch richtig noch moralisch falsch sei. Die Konsequenz, die der Utilitarismus zu haben scheint, ist also nicht überzeugend.[37]

(1)	Wenn der Utilitarismus wahr wäre, dann wäre Jims Verhalten moralisch falsch.	$u \rightarrow p$
(2)	Es ist nicht der Fall, dass Jims Verhalten moralisch falsch ist.	$\neg p$

[37] Das Prinzip des Jim-Beispiels habe ich von Fred Feldman übernommen.

(3)	Folglich ist es nicht der Fall, dass der Utilitarismus wahr ist. (1, 2, *modus tollens*)	$\neg u$

Aber es gibt erneut gute Gründe, die Wahrheit der Prämisse (1) anzuzweifeln. Der Utilitarismus kann erklären, weshalb Handlungen, die Familienmitglieder und geliebte Personen begünstigen, so wie Jims Fall, moralisch gerechtfertigt sind. Das liegt an den insgesamt positiven Auswirkungen von engen Beziehungen zwischen Menschen. Denn stellen wir uns eine Welt vor, in der jeder „vollkommen gerecht" ist: Jeder sorgt sich um jeden in demselben Ausmaß, um Familienmitglieder und geliebte Personen genauso sehr wie um die Interessen seiner Kollegen, Kinder anderer Familien, Menschen aus anderen Ländern etc.

Erstens würde das kaum funktionieren: Es ist nicht einfach für mich, Menschen Gutes zu tun, die weit entfernt sind und die ich nicht kenne, denn ich weiß nicht immer, wie ich mich verhalten muss, um ihnen zu helfen. Ich kenne nicht alle ihrer Wünsche, nicht einmal die meisten, und ich weiß nicht, wie sich meine Handlungen auf diese Menschen genau auswirken. Diejenigen, die ich liebe, und mich selbst kenne ich besser. Wenn ich mich um Geliebte und mich selbst mehr sorge als um andere, werde ich also mehr Glück verursachen: Ich kann bei Nahestehenden recht treffsicher Zufriedenheit hervorrufen, während bei fernen Fremden vermutlich nur wenige meiner Handlungen die erwünschten Effekte erzielen. (Damit ist natürlich nicht gemeint, dass wir uns um ferne Menschen gar nicht sorgen sollten. Natürlich darf uns kein empfindungsfähiges Wesen gleichgültig sein. Aber wir sollten uns nicht um jedes Wesen *in demselben Ausmaß* sorgen; wir sollten geliebte Personen und uns selbst etwas begünstigen.)

Aber es muss noch einen anderen Grund dafür geben, dass der Utilitarismus die Begünstigung von Nahestehenden nicht verbietet, sondern zulässt. Ich habe erwähnt, dass wir oftmals nicht wissen, was ferne, uns unbekannte Menschen brauchen und wollen und wie wir ihnen helfen können. Wäre das der einzige Punkt, so hätte der Utilitarismus noch immer nicht erklärt, weshalb Jims Verhalten akzeptabel ist. Denn Jim fehlt es *nicht* an Informationen oder Einflussmöglichkeiten: Er weiß mit einiger Sicherheit, wie er die beiden anderen Patienten und ihre Familien glücklich machen könnte, nämlich indem er ihnen die Medizin überlässt. Hier ist jedoch ein zweiter Gesichtspunkt: Eine Welt, in der jeder „vollkommen gerecht" ist, wäre eine ziemlich kalte Welt. Wenn jeder befürchten müsste, dass seine eigene Familie ihn opfert, sobald die Situation es zu erfordern scheint, dann wäre die Grundlage von Familien und anderen engen Beziehungen verloren. Menschen benötigen Gruppen, die sich umeinander mehr sorgen als um Leute außerhalb der Gruppe; das ist ein wesentliches psychologisches Bedürfnis. Eine Welt, in der jeder „vollkommen gerecht" ist, würde jeden oder fast jeden unglücklicher machen. Das ist nicht nur ein abstraktes Prinzip; wir sollten uns der Wichtigkeit enger Beziehungen bei unserem alltäglichen, konkreten Handeln bewusst sein. Und das ist eine utilitaristische Erklärung für die Tatsache, dass Jims Verhalten akzeptabel ist.

Ein drittes Argument gegen den Utilitarismus basiert auf dieser Idee:

> „Eine gesunde und unschuldige Person kommt zu einer Untersuchung, aber der Arzt kann die Zufriedenheit maximieren, indem er die Person tötet und ihre Organe dazu verwendet, fünf oder mehr andere Menschen zu retten." (Harwood 1993: 143; meine Übersetzung)

Da der Utilitarismus behauptet, der moralische Status einer Handlung hänge von der *Summe* der Zufriedenheit und Unzufriedenheit ab, die von der Handlung im Vergleich mit den Alternativen verursacht wird, scheint die Rettung von fünf Menschenleben mehr Gewicht zu haben als die Tötung einer Person.[38] Der Utilitarismus hat also offenbar die Konsequenz, dass der Arzt eine gesunde Person töten sollte, wenn fünf andere Menschen, die verschiedene Organe benötigen, auf diese Weise gerettet werden können. Aber das wäre ein schlechtes Szenario, sodass der Utilitarismus anscheinend scheitert.

(1)	Wenn der Utilitarismus wahr wäre, dann sollte der Arzt die gesunde Person töten.	$u \rightarrow p$

---

[38] Ich setze voraus, dass der Tod vergleichbar ist mit Unglück, mindestens wenn die sterbende Person jung ist oder getötet wird. Denn der Tod nimmt einer Person alles weg, was sie hat, nämlich ihr Leben. Außerdem ist der Tod einer Person schlecht für andere Menschen, etwa ihre Familie. Gemäß dieser Betrachtung ist es klar, dass der Tod einer Person nicht so schlecht ist wie der Tod von fünf Menschen.

(2)	Es ist nicht der Fall, dass der Arzt die gesunde Person töten sollte.	$\neg p$
(3)	Folglich ist es nicht der Fall, dass der Utilitarismus wahr ist. (1, 2, *modus tollens*)	$\neg u$

Aber die Prämisse (1) ist wahrscheinlich falsch. Erstens ist die Lage niemals so einfach, wie das Gedankenexperiment es suggeriert. In der Realität würde der Arzt nach alternativen Wegen suchen, Organe für seine Patienten zu finden. Und wenn das nicht funktionierte, wäre noch zu beachten, dass die Tötung des gesunden Patienten und die Verwendung seiner Organe nicht automatisch die fünf kranken Patienten retten würde. Nicht jedes Organ wird von jedem Körper angenommen.

Zweitens sollte der Arzt nicht nur diejenigen Folgen berücksichtigen, die seine Handlung für die sechs Patienten hat; er sollte *alle* wichtigen Folgen berücksichtigen. Wenn er die gesunde Person tötete, um die anderen fünf Leben zu retten, dann hätte das vermutlich unvorhersehbare und eher schlechte Folgen für die Gesellschaft als ganze (das heißt, für alle Menschen, die in der Gesellschaft leben). Stellen Sie sich vor, Sie müssten bei jedem Arztbesuch befürchten, dass der Doktor Sie vielleicht tötet und Ihre Organe verwendet. Das würde eine eher kalte Atmosphäre in der Gesellschaft erzeugen; jeder könnte plötzlich geopfert werden. Ich nehme an, dass die meisten Menschen nicht in einer solchen Gesellschaft leben möchten, und dass Handlungen wie die Tötung der gesunden Person daher insgesamt schlechte Auswirkungen haben. Eine solche Handlung reduziert das

Glück. So kann der Utilitarismus erklären, weshalb es normalerweise falsch ist, eine Person um einer größeren Anzahl von Menschen willen zu opfern.

Ein anderer Vorwurf lautet, der Utilitarismus erkenne die Bedeutung von Gerechtigkeit nicht an. Gerechtigkeit ist ein schwieriges Thema, aber lasst uns mit einem vereinfachenden Beispiel beginnen. Zwei Eltern können ihren beiden Kindern Adam und Bryan zusammen 10 Dollar geben. Im ersten Fall geben sie Adam 5 Dollar und Bryan 5 Dollar. Im zweiten Szenario geben Sie Adam 7 Dollar und Bryan 3 Dollar. Es scheint, dass der Utilitarismus keinen moralischen Unterschied zwischen diesen beiden Fällen ausmachen kann: In beiden Fällen ist die Summe des Nutzens gleich (im ersten Fall 5 + 5 = 10, im zweiten Fall 7 + 3 = 10). Da die Summe des Nutzens alles ist, was der Utilitarismus berücksichtigt, hat der Utilitarismus offenbar zur Folge, dass es gleichgültig sei, welche dieser Optionen die Eltern wählen. Aber das wäre natürlich eine falsche Folge; es macht einen Unterschied, ob Adam und Bryan dieselbe Geldmenge erhalten oder verschiedene Mengen. Gerechtigkeit ist wichtig. Wenn es keinen relevanten Unterschied im Verhalten von Adam und Bryan gibt, dann sollten die Eltern vermutlich beiden je 5 Dollar geben. Falls der Utilitarismus das nicht anerkennen kann, scheitert er.

(1)	Wenn der Utilitarismus wahr wäre, dann wäre Gerechtigkeit moralisch irrelevant.	$u \rightarrow p$
(2)	Es ist nicht der Fall, dass Gerechtigkeit moralisch irrelevant ist.	$\neg p$

(3)	Folglich ist es nicht der Fall, dass der Utili- tarismus wahr ist. (1, 2, *modus tollens*)	$\neg u$

Aber die Prämisse (1) ist nicht wahr; der Utilitarismus erkennt die Wichtigkeit von Gerechtigkeit an. Ein Grund besteht darin, dass Nutzen – das höchste Gut im Utilitarismus – nicht einfach mit Geld gleichgesetzt werden kann. Jedermann weiß, dass die Menge an Geld, die jemand bekommt, weder identisch noch proportional ist zu der Menge an Glück, die man erreicht. Stellen Sie sich vor, Sie haben ein Einkommen von 2.000 Dollar im Monat. Wenn Sie plötzlich das Doppelte erhalten, 4.000 Dollar, werden Sie vielleicht glücklicher sein; aber *nicht viel* glücklicher. Zumindest wird dieser Aufstieg in seiner Bedeutung nicht vergleichbar sein mit einer entsprechenden Reduktion des Einkommens: Wenn Sie 2.000 Dollar weniger bekommen als zuvor, das heißt, wenn Sie 0 Dollar anstelle von 2.000 Dollar bekommen, dann werden Sie sicherlich *deutlich* unglücklicher werden. Gewinn und Verlust sind nicht symmetrisch. Ein Verlust macht in einem größeren Maße unglücklicher, als ein Gewinn glücklicher macht. Oder in allgemeineren Begriffen: Je mehr Geld jemand hat, desto weniger wird es ihn normalerweise glücklicher machen, einen Dollar hinzuzugewinnen. Je weniger Geld jemand hat, desto wichtiger wird es sein, einen Dollar mehr zu bekommen.

Sehen wir nun auf Adam und Bryan. Gemäß dem ersten Szenario erhalten beide je 5 Dollar. Wir können grob sagen, dass dies 5 hedons entspricht (5 ‚Glückspunkten') für beide.

	Geld (Dollar)	Nutzen (hedons)
Adam	5	5
Bryan	5	5
Summe	10	10

Wie die einfache Kalkulation zeigt, wird die Summe des Nutzens, auf die es im Utilitarismus ja ankommt, bei 10 liegen. Nun nehmen wir an, dass Adam 7 Dollar erhält und Bryan nur 3. Wie viele hedons bekommt Adam? Es sind nicht 7 hedons, denn Geld und Nutzen (Geld und Glück) sind ja nicht identisch, und auch nicht proportional. Je mehr Geld einer bekommt, desto weniger Glück wird er hinzugewinnen. Nehmen wir also besser an, dass 7 Dollar beispielsweise 6 hedons entsprechen.

Und wie steht es um Bryan? Er erhält nur 3 Dollar, was im Vergleich zur Referenzzahl 5, die wir oben gewählt hatten, ein Verlust ist. Ein Verlust wirkt sich stärker auf das Glück aus als ein Gewinn. Nehmen wir also an, dass die Zahl seiner hedons nicht auf 3, sondern bis auf 2 herabsinkt. Diese ungefähren Überlegungen führen zu diesem Muster:

	Geld (Dollar)	Nutzen (hedons)
Adam	7	6
Bryan	3	2
Summe	10	8

Die Summe des Nutzens ist 8! Das ist weniger als im ersten Szenario, wo wir insgesamt 10 hedons erreicht hatten. Und so funktioniert eine utilitaristische Erklärung der Wichtigkeit von Gerechtigkeit. Je mehr wir die Gerechtigkeit aufgeben, desto eher werden wir reiche Menschen auf der einen Seite und arme Menschen auf der anderen Seite haben. Aber sehr viel Geld zu haben, bedeutet nicht, *viel* glücklicher zu sein. Umgekehrt jedoch ist Armut mit viel Unglücklichsein verbunden, viele Menschen leiden unter ihr. Daher wird die Gesamtmenge des Glücks abnehmen, sobald das Geld nicht gleichmäßig verteilt ist.[39]

Es gibt noch einen zweiten Grund für die Wichtigkeit von Gerechtigkeit: Menschen tendieren zum Neid. Sobald Bryan *weiß*, dass Adam mehr Geld bekommt als er, wird er wütend werden, sodass seine Zufriedenheit weiter abnimmt. Natürlich ist Adam gleichzeitig stolz, dass er mehr als Bryan hat, und jemand könnte glauben, dass Neid und Stolz sich hier ausgleichen. Aber Neid hat einen größeren Einfluss auf eine Gesellschaft als Stolz: Wenn sich ein großer Anteil der Menschen im Vergleich zu anderen als arm empfindet, dann werden auf Dauer alle von Aggression und Gewalt bedroht

---

[39] Ich stelle die Dinge hier natürlich einfacher dar, als sie real sind. Zum Beispiel habe ich den Begriff ‚Gerechtigkeit' nicht definiert und ihn, vereinfachend, ungefähr mit ‚Gleichverteilung' gleichgesetzt. Hier könnte viel genauer gearbeitet werden, als ich es getan habe. Außerdem ist die Annahme, dass Geld *überhaupt* glücklicher mache, problematisch. Es wird manchmal gesagt, dass Menschen in einigen armen Ländern durchschnittlich glücklicher seien als Menschen in wohlhabenderen Ländern. Ich weiß nicht, ob das wahr ist und wie man solche Daten interpretieren sollte.

sein. Das Glück vieler oder aller Menschen wird also abnehmen, wenn die Gerechtigkeit vernachlässigt wird.

Aber diese Feststellung führt uns zu einem anderen Argument gegen den Utilitarismus. Der Nutzen der Gerechtigkeit scheint zusammen mit der Tatsache, dass wir uns aus utilitaristischer Sicht um das Glück aller sorgen müssen, die Folge zu haben, dass die meisten Menschen in „wohlhabenden" Ländern einen großen Teil ihres Geldes an arme Menschen in der Welt abgeben müssen. Wir hatten ja gesehen, dass eine Gleichverteilung normalerweise zu einer größeren Summe des Glücks führt. Viele Menschen auf der Welt haben jedoch weniger als einen Dollar pro Tag, während die meisten von uns über mehr als 20 Dollar pro Tag verfügen und häufig über noch weitaus mehr.[40] Wenn es eine Konsequenz des Utilitarismus ist, dass eine Ungleichverteilung vermieden werden sollte, dann scheint der Utilitarismus uns zu verpflichten, mehr als dreißig Prozent des Einkommens oder noch weitaus mehr zu spenden – eben so viel, dass ungefähr eine Gleichverteilung erreicht ist. Eine solche moralische Verpflichtung erscheint jedoch übertrieben.

(1)	Wenn der Utilitarismus wahr wäre, dann sollten die meisten von uns mehr als dreißig Prozent ihres Einkommens spenden.	$u \rightarrow p$
(2)	Es ist nicht der Fall, dass die meisten von	$\neg p$

---

[40] Wenn ich sage „die meisten von uns", dann meine ich einen Großteil der Menschen, die in sogenannten „wohlhabenden" Ländern, Ländern der ersten Welt, leben.

	uns mehr als dreißig Prozent ihres Einkommens spenden sollten.	
(3)	Folglich ist es nicht der Fall, dass der Utilitarismus wahr ist. (1, 2, *modus tollens*)	$\neg u$

Vielleicht sind Sie der Meinung, dass die Prämisse (2) falsch sei: Dass wir in der Tat so viel Geld spenden sollten. Aber nehmen wir an, dass diese Forderung übertrieben ist. Auch dann gibt es kein Problem für den Utilitarismus, denn die Prämisse (1) ist sehr problematisch. Der Utilitarismus hat vermutlich nicht die Konsequenz, dass die meisten von uns mehr als dreißig Prozent ihres Einkommens spenden müssten oder sollten.

Denn zum einen kann eine Welt mit gleichverteiltem Wohlstand ja nicht aus dem Nichts geschaffen werden; es wäre vielmehr eine Umwandlung ausgehend von der jetzigen Situation notwendig. Zur Zeit besitzen die Menschen in wohlhabenderen Ländern (vergleichsweise) viel Geld und sind daran gewöhnt. Wenn sie davon einen großen Teil spenden, so wäre das ein Verlust für sie (und ein Gewinn für diejenigen, die das Geld erhalten). Und wir hatten ja festgehalten, dass ein Verlust an Geld sich signifikant negativ auf das Glück auswirkt. Die Infrastruktur, die medizinische Versorgung und die Lebensweise in der sogenannten Ersten Welt müssten drastisch verändert werden, wenn wir so viel Geld abgäben, dass wir am Ende genauso viel wie Menschen in der Dritten Welt haben. Die Unzufriedenheit und das Unglück, das dadurch über die derzeit wohlhabenderen Länder hereinbrechen würde, sollten nicht in Kauf genommen werden, da es ja moderatere Alternativen gibt: andere Formen der Hilfe, niedrigere Spendensummen.

Natürlich wäre es übertrieben, jedes Spenden abzulehnen. Es gibt ja unzählige Menschen, die unter elenden Bedingungen leben und zum Teil daran sterben, Hungernde, Kranke, die nicht versorgt werden, Opfer von brutalen Bürgerkriegen, Epidemien und krassem Vitaminmangel. Diejenigen, die helfen können, müssen sich für eine Verbesserung dieser Lage engagieren, und Spenden sind hierfür eine Möglichkeit. Denn angenommen, jeder wohlhabende Mensch spendet ein Zehntel oder ein Fünftel seines Einkommens (einige tun das ja bereits). Das wäre zwar ein Verlust, jedoch ein sehr moderater. Ein wohlhabender Mensch müsste hierfür vielleicht auf einen Flug in den Urlaub verzichten, aber sein Leben nicht drastisch verändern. Umgekehrt wäre das, was man in der Dritten Welt mit diesem Zehntel oder Fünftel tun könnte, sehr bedeutsam und lebensrettend.

Die Bekämpfung extremer Armut ist also utilitaristisch gerechtfertigt – es geht hier ja darum, extremes Unglück zu beseitigen –, und einfache Modelle wie dasjenige, das wir bei Adam und Bryan angewandt hatten, können hier nicht gelten. Umverteilungen, die weit darüber hinausgehen, wie zum Beispiel die Idee, die meisten von uns müssten sogar mehr als dreißig Prozent ihres Einkommens spenden, werden dagegen vom Utilitarismus nicht verlangt. Denn im Falle solcher drastischen Maßnahmen entstünde in den wohlhabenden Ländern ein Verlust, der nicht mehr durch den Zugewinn bei anderen ausgeglichen werden könnte.

Abgesehen von diesen theoretischen Gründen gibt es offensichtliche politische und ökonomische Überlegungen, die ähnliche Zweifel hervorrufen. Es ist umstritten, ob eine Entwicklungshilfe, die auf der Umverteilung von Geld beruht, insgesamt positive Auswirkungen hat. Natürlich müssen wir im Falle einer Katastrophe oder eines Krieges helfen. Aber *permanente* Hilfe hat Nachteile, selbst wenn das Geld bei denen ankommt, die es brauchen. Ein Grund besteht darin, dass ein Sieg über die Massenarmut nur möglich ist durch eine zunehmende Wirtschaftskraft innerhalb des betroffenen Landes. Wenn dagegen die Wirtschaftskraft eines anderen Landes einfach in das arme Land transportiert wird, ist keine dauerhafte Lösung erzielt; dies könnte sogar kontraproduktiv sein, da es die Selbstständigkeit der Menschen in den ärmeren Ländern reduziert. Hilfe zur Selbsthilfe und die Förderung der Entstehung von Märkten innerhalb der ärmeren Staaten sind vermutlich hilfreicher als die Umverteilung von Geld. Ein Utilitarist, dem es ja auf die Reduktion von Unzufriedenheit und Leid ankommt, wird also nicht einfach einen großen Teil seines Geldes spenden, sondern einen kleineren Betrag wählen und nach intelligenten Möglichkeiten der Hilfe Ausschau halten.

6.3 Offene Fragen und Probleme

Bisher habe ich beschrieben, weshalb bestimmte scheinbare Probleme des Utilitarismus in Wahrheit keine Probleme sind. Der Utilitarismus tritt *nicht* für Ehebruch und Betrug ein; er zwingt uns nicht, geliebte Personen genauso zu behandeln wie andere; er empfiehlt dem Doktor nicht, eine gesunde Person um die Rettung mehrerer anderer willen zu töten; der Utilitarismus erkennt die Gerechtigkeit als ein wichtiges Gut an; und er hat *nicht* die Konsequenz, dass wir so viel Geld abgeben müssten, bis schließlich jeder dasselbe hat. Nun werde ich einige Punkte erwähnen, die nicht so klar sind.

Wenn der Utilitarismus wahr ist, wie müssten wir dann unser Verhalten gegenüber nicht-menschlichen Tieren verändern, so wie Schweinen, Rindern, Hühnern und Fischen? Viele Menschen essen einige oder alle dieser Tiere, und aus diesem Grund müssen viele von ihnen sterben – außerdem werden viele Tiere grausam behandelt, indem sie zum Beispiel auf engstem Raum zusammenleben müssen. Der Utilitarismus strebt nach so viel Glück wie möglich und so wenig Unzufriedenheit und Leiden wie möglich. Sicherlich macht es die meisten von uns glücklich, Fleisch zu essen; aber ist dieses Glück vergleichbar mit der Menge an Leid, das in vielen Fällen im Verlauf der Züchtung und Schlachtung auftritt?[41]

Solche Fragen sind nicht einfach zu beantworten, da neue Fragen entstehen. Können nicht-menschliche Tiere Schmerz empfinden? Vermutlich ja, aber: in welchem Ausmaß? Ist ihr Unglücklichsein oder Leiden vergleichbar mit dem Unglück

---

[41] Das sind zwei verschiedene Punkte: Das eine ist die schlechte Behandlung von Tieren auf einigen Farmen, und das andere ist der Tod der Tiere. Ist der zweite Punkt allein – der Tod – etwas Schlechtes? Wie ich schon sagte (in Anmerkung 38), halte ich den unnatürlichen Tod tatsächlich für etwas Schlechtes. Siehe auch Thomas Nagels Kapitel über den Tod (1979).

und dem Leiden von Menschen? Außerdem, wie viel Schmerz tritt bei der Schlachtung auf? Und wenn jedermann aufhörte, Fleisch zu essen, wie viel Unglück würde *dadurch* entstehen? Wie ernst wären zum Beispiel die ökonomischen Konsequenzen?

Ich habe keine guten Antworten auf diese Fragen. Jedenfalls erscheint es plausibel, dass das Verhalten der Menschheit gegenüber Tieren sich verändern muss, wenn der Utilitarismus wahr ist. Mindestens die grausame Haltung von Tieren kann wohl nicht gerechtfertigt werden, und das gilt dann auch für den Konsum von Fleisch, das auf diese Weise produziert worden ist.

Lasst uns nun ein großes Problem des utilitaristischen Prinzips erwähnen. Das Prinzip ist ja dieses:

Utilitarismus =df. Eine Handlung ist genau dann moralisch richtig, wenn sie im Vergleich mit allen Alternativen zu dem größtmöglichen Glück im Universum führt.

‚Glück' sollte hier als die Summe von Zufriedenheit und Unzufriedenheit verstanden werden, wobei Zufriedenheit durch positive Zahlen repräsentiert wird und Unzufriedenheit durch negative Zahlen. Zum Beispiel hatten die Vereinigten Staaten bekanntlich am Ende des Zweiten Weltkriegs zu entscheiden, ob sie den Krieg gegen Deutschland unterstützen oder nicht. Beide Optionen mussten zu erheblichen Mengen von Unzufriedenheit und Leid führen. Deutschland zu attackieren, hatte viel Leid unter deutschen Einwohnern zur Folge. Deutschland nicht zu attackieren, wäre für das Wohl dieser Deutschen (zunächst) besser gewesen, hätte jedoch zu viel größerem Leid in anderen Staaten geführt, die von Deutschland bekämpft wurden. Aus einer utilitaristischen Perspektive sollte man die Menge an Unzufriedenheit, an Unglück, vergleichen; und klarerweise war es daher richtig, militärisch gegen Deutschland vorzugehen, da die Alternative zu größerem Leid geführt hätte.[42]

Aber gibt es irgendwelche *Mengen* von Zufriedenheit (oder Glück, oder Leid)? Können diese Phänomene quantifiziert werden, so wie Zahlen? Ist es zum Beispiel richtig, zu sagen, dass der Tod von vier Menschen besser sei als der Tod von fünf Menschen? Dass das Leid von einer Million von Menschen besser sei als das Leid von fünf Millionen? Der Utilitarismus setzt voraus, dass diese Fragen mit Ja beantwortet werden können, und das ist problematisch.

Auf der einen Seite denke ich, dass *gewisse* Abwägungen zwischen Mengen von Unglück möglich sind. Das Leid von fünf Menschen ist tatsächlich schlechter als ein ebenso intensives Leid von vier Menschen (und daraus folgt, dass das Leid von vier Menschen besser ist als das Leid von fünf Menschen, obwohl das kaltblütig klingt). Im alltäglichen Leben nehmen wir implizit ständig an, dass solche Vergleiche legitim seien. Wir senden Soldaten in Kriege, obwohl wir wissen, dass einige von ihnen sterben werden. Denn wir glauben, dass die Sicherheit der heimischen Bevölkerung mehr Gewicht habe als das Leben einiger Soldaten, obwohl das eine harte Entscheidung ist. Der Krieg gegen den Terrorismus kostet Leben, aber wenn wir diese Leben nicht ris-

---

[42] Damit ist natürlich nicht gesagt, dass die Weise, *wie* sie Deutschland angriffen, moralisch einwandfrei gewesen sei.

kierten, dann – so die Idee – werden terroristische Attacken zu noch mehr Toten führen. Es sind solche Vergleiche, die zu vielen unserer Entscheidungen führen. Und das ist nicht grundsätzlich falsch.

Notieren wir auch dieses Beispiel, das Harwood gibt (1993):

> „… Wir bauen Schnellstraßen, obwohl wir wissen, dass es nur eine Frage der Zeit ist, bis ein unschuldiges Kind, das nicht annähernd so früh gestorben wäre, wenn die Schnellstraße nie gebaut worden wäre, in einem Unfall auf der Schnellstraße getötet wird. Aber der große Komfort der Schnellstraße und die anderen Leben, die dadurch gerettet werden, dass zum Beispiel Krankenwagen die neue Schnellstraße nutzen können, um zu Krankenhäusern zu eilen, überwiegt den Schaden, der dem getöteten Kind zugefügt worden ist." (151 f.; meine Übersetzung)

Das sind implizite Vergleiche zwischen Mengen von Unglücklichsein und Glücklichsein. Wir alle akzeptieren sie, nur wir erwähnen sie nicht ausdrücklich, sondern die Vergleiche sind in der Komplexität des Lebens und seiner kausalen Beziehungen versteckt. Der Utilitarismus macht diese Überlegungen explizit: Er legt ausdrücklich nahe, dass Mengen von Zufriedenheit und Unzufriedenheit verglichen werden sollten, damit eine gute Entscheidung möglich ist. Diese Ehrlichkeit ist eher ein Vorteil als ein Nachteil.

Auf der anderen Seite suggeriert der Utilitarismus, dass nicht nur grobe Vergleiche, sondern präzise Berechnungen mit Glück und Unglück möglich seien. Aber ist es möglich, Mengen von Zufriedenheit oder Unzufriedenheit mit Zahlen anzugeben? Es ist zwar klar, dass zum Beispiel eine schwere

Krankheit schlimmer ist als ein zehnminütiger Schmerz im Bein; und dass es schlimmer ist, eine geliebte Person zu verlieren, als fünf Dollar zu verlieren (jedenfalls für die meisten). Aber wie könnte jemand angemessene Zahlen finden? Wenn -3 die Zahl für den Schmerz im Bein ist, was ist dann die Zahl für den Verlust einer geliebten Person? -100? Oder -1000? Solche Festlegungen erscheinen willkürlich und unangebracht. Ich kenne keine Lösung für dieses Problem des Utilitarismus. Vielleicht bleibt nur zu hoffen, dass es auch ohne präzise Zahlen zu guten Entscheidungen im Sinne des Utilitarismus kommen kann.

Ein anderes Problem betrifft das Verhältnis zwischen Zufriedenheit und Unzufriedenheit. Wie der Utilitarismus dieses Verhältnis interpretiert, war oben am Beispiel von Emily, dem Hund und Tim deutlich geworden: Eine bestimmte Handlung machte Emily etwas unglücklich (-1), den Hund kümmerte es nicht (0) und Tim wäre ziemlich glücklich (5). Was zählt, ist die Summe, das heißt 4. Wenn es keine mögliche alternative Handlung gibt, die zu einer noch größeren Summe führte, dann ist die Handlung moralisch richtig. In der utilitaristischen Berechnung werden Zufriedenheit und Unzufriedenheit also als einfache Gegensätze interpretiert, als symmetrisch, genau wie positive und negative Zahlen. Ein solches Prinzip ist problematisch:

Angenommen, dolors (Mengen von Unzufriedenheit) wären tatsächlich die Negation von hedons (Mengen von Zufriedenheit). Dann wäre Folgendes wahr. Ich gehe im Sommer durch eine Stadt und habe, wie schon seit einer Woche wegen eines Unfalls, einen leichten Schmerz im Fuß. Der

Schmerz ist nicht stark, sagen wir, 1 dolor (-1 hedons). An einer Straßenecke lese ich ein paar nette Seiten von Albert Camus (1 hedon). Was ist mein Status, während ich Camus lese? Ich habe den Schmerz im Fuß, und gleichzeitig genieße ich Camus. Der Gesamtstatus müsste also $-1 + 1 = 0$ sein. Die Summe ist 0. Wenn das wahr ist, dann ist mein Glück, während ich Camus lese, dasselbe wie wenn ich gar nichts tue ohne Schmerz! Das erscheint falsch. Wenn ich keinen Schmerz habe und nicht Camus lese, dann ist mein Gefühl vermutlich *neutral*. Aber Freude und Schmerz zur selben Zeit zu empfinden, ist nicht neutral. Es ist anders.

Schmerz wiegt Freude nicht einfach auf, und Freude wiegt Schmerz nicht einfach auf. Eher scheint es, dass diese beiden zwei grundlegend verschiedene Phänomene sind. Der Utilitarismus setzt voraus, dass eine Handlung, die eine Person glücklich und eine Person unglücklich macht, moralisch äquivalent sei zu einer Handlung, die auf niemanden irgendeinen Einfluss hat. Aber das sind zwei verschiedene Fälle. Der Utilitarismus basiert offenbar auf einer falschen Theorie über den Menschen.[43] Es scheint mir, dass dies ein ungelöstes Problem des Utilitarismus ist, und ich weiß nicht, wie ernst es ist und ob es gelöst werden kann.

---

[43] Diese Überlegungen habe ich von Fred Feldmans Vorlesungen übernommen.

6.4 Fazit

In diesem Kapitel habe ich eine bestimmte ethische Theorie diskutiert, die als ‚Handlungsutilitarismus' bezeichnet werden könnte, da einzelne Handlungen bewertet werden, und zwar im Hinblick auf den Nutzen, das Glück, das sie auslösen. So wie der Utilitarismus allgemein scheint diese Theorie eine Reihe von Problemen zu haben, wie viele philosophische Schriften nahe legen. Aber ein genauerer Blick auf den Utilitarismus zeigt, dass viele dieser Probleme in Wahrheit nicht existieren. Die meisten Konsequenzen des Utilitarismus sind überzeugend. Die These, dass der Utilitarismus auf die Frage, was wir tun sollten, korrekt antwortet, ist ein guter Kandidat für Wissen in der praktischen Philosophie. Dennoch bleibt einiges offen.

Wenn der Utilitarismus wahr ist, dann kann die Art und Weise, auf die viele Menschen nicht-menschliche Tiere behandeln – besonders ihr Konsum von Fleisch – offenbar nicht moralisch gerechtfertigt werden. Es müsste entweder der Utilitarismus oder das Verhalten der Menschheit gegenüber anderen Tieren aufgegeben werden (oder beides). Außerdem gibt es die offene Frage, ob Zufriedenheit und Unzufriedenheit quantifizierbar, zählbar sind; es ist nicht klar, wie eine Zuweisung von Zahlen möglich sein könnte. Und die Tatsache, dass der Utilitarismus Glück und Unglück einfach als Gegensätze ansieht wie positive und negative Zahlen, ist vor dem Hintergrund einfacher Überlegungen schwer tragbar.

Allerdings kann angenommen werden, dass jede Theorie mit offenen Fragen und Schwierigkeiten konfrontiert ist. *Wenn* es überhaupt eine wahre ethische Theorie geben kann, dann ist der Utilitarismus ein recht überzeugender und guter Kandidat.[44]

---

[44] Der Konditionalsatz ist wichtig: Die Frage, ob es eine wahre ethische Position gibt, kann nicht einfach mit Ja beantwortet werden. Unter anderen ist dieses Problem zu beachten: Wenn kein Mensch eine Wahl über seine Handlungen hat (das heißt, wenn es keinen freien Willen gibt), was wahrscheinlich ist, dann können wir niemals zwischen irgendwelchen alternativen Handlungen wählen. Wir haben immer genau eine Option. Was ist dann der Vorteil einer ethischen Theorie, die uns ja sagen will, welche der Alternativen besser ist? Das scheint überhaupt keine Relevanz zu haben, wenn wir von vornherein keine Alternativen haben. Aber das ist eine tiefgründige Frage, zu tiefgründig für mich.

7 Was wissen wir über die Willens-freiheit und die Existenz Gottes?

7.1 Einleitung

Willensfreiheit und Religion – zwei der wichtigsten und interessantesten Themen – sollen nun zusammen in einem Kapitel diskutiert werden. Das hat nicht den Grund, dass ich den *Zusammenhang* zwischen der Willensfreiheit und der Religion besprechen wollte, etwa die Frage, ob Willensfreiheit möglich ist unter der Bedingung, dass Gott existiert. (Was diese Frage angeht, siehe Pike 2010 und Boethius 2010.) Nur an einem Punkt werden wir etwas zum Zusammenhang zwischen Willensfreiheit und religiösen Überzeugungen sagen, nämlich dort, wo wir ein Argument gegen die Existenz Gottes diskutieren (das sogenannte *Argument from Evil* oder Theodizee-Problem).

Ansonsten werde ich Willensfreiheit und Gott als zwei verschiedene Themen behandeln. Sie sind vorwiegend deshalb in ein Kapitel zusammengefasst, weil sie etwas Wichtiges gemeinsam haben: Die Antwort auf die Frage, ob Menschen einen freien Willen haben, und die Antwort auf die Frage, ob Gott existiert, hängen beide wesentlich von unseren Definitionen ab (der Definition von ‚freier Wille‘ und der Definition von ‚Gott‘), und es gibt offenbar keinerlei Übereinstimmung hinsichtlich der Frage, wie diese Ausdrücke definiert werden sollten. Besonders das Konzept von Gott ist extrem unklar, wie die Vielzahl religiöser Ansichten zeigt. Ich würde mich nicht wohl dabei fühlen, genau eine Definition von ‚Willensfreiheit' oder genau eine Definition von ‚Gott' zu geben. Und daher kann ich nicht beurteilen, ob wir gerechtfertigt sind zu glauben, dass die Willensfreiheit existiere, noch ob wir gerechtfertigt sind zu glauben, dass Gott nicht existiere. Aber ich werde bestimmte Definitionen anbieten und sagen, was wir wahrscheinlich über die Willensfreiheit wissen, *wenn* diese Definitionen akzeptiert werden.

7.2 Willensfreiheit

Der Ausdruck ‚Willensfreiheit' ist irreführend. Akademische Diskussionen über die Willensfreiheit sind üblicherweise nicht Diskussionen über die Frage, ob unser Wille frei ist (zum Beispiel ob wir unseren Willen, unsere Wünsche frei wählen können). Diskussionen über die Willensfreiheit sind eher Diskussionen über *Handlungen*: Habe ich eine Wahl darüber, was ich tue? Oder: Können wir tun, was wir wollen? Gibt es irgendeine Handlung irgendeines Menschen, die aus freien Stücken ausgeführt wurde? Es sind Fragen dieser Art, mit denen sich auch dieses Kapitel beschäftigt.

Lassen Sie mich eine mögliche Definition von ‚Willensfreiheit' erklären. Niemand glaubt, dass unsere Freiheit unbegrenzt sei. Natürlich ist unsere Freiheit begrenzt, zum Beispiel bin ich sicher nicht fähig, ohne die Hilfe von Maschinen durch die Luft zu fliegen. Ich bin vermutlich nicht fähig, mich zwanzig Stunden lang ohne Pause auf ein schwieriges Thema zu konzentrieren; meine inneren Kräfte sind nicht stark genug. Und ich bin nicht fähig, der Präsident der Vereinigten Staaten zu werden. Die Frage, ob wir „vollkommen frei" sind, stellt sich also nicht. Worum es geht, das ist die

Frage, ob wir *irgendeine* Wahl haben. Zum Beispiel sitze ich
hier an meinem Schreibtisch. Es scheint, dass ich eine Wahl
darüber habe; dass ich auch etwas anderes tun könnte. Ich
habe offenbar einige Alternativen, ich könnte in der Sonne
spazieren gehen, anstatt hier zu sitzen. Aber spätestens seit
dem antiken Griechenland haben einige Philosophen behauptet, dass wir niemals Wahlmöglichkeiten haben. Wenn
es das ist, was wir diskutieren möchten – und ich denke,
dass dies in der Tat das ist, was die meisten Philosophen in
ihren Texten über die Willensfreiheit diskutieren –, dann
sollten wir ‚Willensfreiheit' so definieren:

> **Willensfreiheit** =df. die Fähigkeit, zwischen verschiedenen
> möglichen Handlungen zu wählen. Das heißt, fähig zu sein,
> etwas anderes zu tun als das, was man tatsächlich tut.

Wenn das die Definition von ‚Willensfreiheit' ist, die wir
wählen, dann stellt sich höchstwahrscheinlich heraus, dass es
keine Willensfreiheit gibt. Der entscheidende Punkt ist Peter
van Inwagens *Consequence Argument*, obwohl dieses Argument
in mehreren Hinsichten verfeinert werden muss. Van Inwagens Argument steht in seinem Buch (1983: besonders 94
ff.). Es kann wie folgt zusammengefasst und interpretiert
werden.
Angenommen, der Determinismus ist wahr. Das heißt, unser Universum unterliegt Naturgesetzen (grundlegenden
physikalischen Gesetzen), die genau eine mögliche Zukunft
festlegen.[45] Aus einem Zustand des Universums in der Ver-

---

[45] Klassische Kandidaten für die Naturgesetze sind Newtons physikalische Gesetze. Heutzutage sind die Relativitätstheorien bes-

gangenheit zusammen mit unseren Naturgesetzen folgt notwendigerweise eine bestimmte Zukunft. Menschen sind vollkommen materiell (vergleiche mein Kapitel 4). Wenn alles Materielle determiniert ist, dann sind Menschen also ebenfalls determiniert. Wie sollte nun ein freier Wille möglich sein? Niemand hat eine Wahl über die Vergangenheit; die Vergangenheit ist einfach so, wie sie war. Niemand hat eine Wahl über die Naturgesetze; wir müssen sie hinnehmen. Und wir haben keine Wahl über die Konjunktion von beiden (das heißt über die Vergangenheit und die Naturgesetze zusammengenommen). Diese Thesen können symbolisiert werden durch

$$N\,(\,V \wedge G\,),$$

wobei N für ‚niemand hat eine Wahl über‘ steht, das heißt, ‚niemand könnte etwas tun, sodass nicht ...‘.[46] V ist eine Proposition, die den vollständigen Zustand des Universums zu einem Zeitpunkt in der Vergangenheit beschreibt. Und G ist eine Konjunktion der Naturgesetze.[47] Wir haben angenommen, dass der Determinismus wahr sei; wir haben also vorausgesetzt, dass die Konjunktion $V \wedge G$ eine bestimmte Zukunft festlegt, einschließlich jeder Handlung eines Men-

---

sere Kandidaten und auch die Quantentheorie, auf die wir noch kurz zu sprechen kommen werden.

[46] Wenn ich in diesem Zusammenhang ‚niemand‘ sage, dann meine ich damit ‚kein Mensch‘.

[47] Ich folge Finch und Warfield im Hinblick auf diese Definitionen. Sie verwenden allerdings andere Abkürzungen, da sie von der englischen Sprache ausgehen (1998: 516).

schen. Lasst uns das Symbol H verwenden für irgendeine Handlung eines Menschen. Jedes H wird impliziert von $V \wedge G$, das heißt von der Vergangenheit und den Naturgesetzen. Gemäß den Naturgesetzen gab es nur eine Möglichkeit, wann und wo wir geboren wurden; welche Gene wir haben; wie wir aufwuchsen; was uns zustößt und wen wir treffen; was in unserem Gehirn passiert; und schließlich, wie wir in genau diesem Fall entscheiden, so wie meine Entscheidung, am Schreibtisch zu sitzen anstatt in der Sonne zu gehen.

$$(V \wedge G) \rightarrow H$$

Und niemand hat eine Wahl über den Determinismus. Das Prinzip, wonach jede Handlung von der Vergangenheit und den Naturgesetzen impliziert wird, ist also selbst etwas, worüber niemand eine Wahl hat:

$$N\{(V \wedge G) \rightarrow H \}$$

Ausgehend von diesen Überlegungen lässt sich ein Argument gegen die Existenz der Willensfreiheit aufstellen, mit der Konklusion, dass niemand eine Wahl über irgendeine seiner Handlungen hat:

Consequence Argument

(1) $N (V \wedge G)$
(2) $N \{(V \wedge G) \rightarrow H \}$
(3) Folglich: $N (H)$

Ich denke, dass es keinen relevanten Fehler in diesem Argument gibt. Das Argument zeigt, dass niemand eine Wahl

über irgendeine seiner Handlungen hat, und wenn dies dasjenige ist, was die Anhänger der Willensfreiheit ablehnen,
dann gibt es keine Willensfreiheit. Es sollte jedoch angemerkt werden, dass das obige Argument nicht perfekt ist, es
muss verfeinert werden. Erstens gibt es ein logisches Problem, das ich nur kurz andeuten werde. Wie van Inwagen
gesehen hat (1983: 94), setzt das Argument die Gültigkeit
dieses Gesetzes voraus:

$$\{ N(p) \wedge N(p \rightarrow q) \} \rightarrow N(q)$$

Aber dieses Gesetz ist falsch, wie zum Beispiel Erik Carlson
gezeigt hat. (2002)[48] Dennoch besteht kein Grund zur Beun-
ruhigung, denn es gibt eine verbesserte Version des *Consequence Argument*, die nicht von dem falschen Gesetz abhängt.
Diese verbesserte Version ist von Alicia Finch und Ted A.
Warfield entwickelt worden. (1998: besonders 522) Der *N*-
Operator in der Prämisse (2) wird durch den Notwendig-
keits-Operator ☐ ersetzt. Es wird also nicht nur angenommen, dass niemand eine Wahl hat über die Tatsache, dass die
Vergangenheit und die Naturgesetze unsere Handlungen
festsetzen; sondern dass unsere Handlungen eine *notwendige*
Folge der Vergangenheit und der Naturgesetze sind. Das ist
eine plausible Konsequenz des Determinismus: Wenn wir
die Vergangenheit und die Naturgesetze voraussetzen, war

---

[48] Carlson argumentiert nicht explizit gegen das *Consequence Argu-
ment*, sondern gegen ein anderes Argument, das *Mind Argument*.
Aber Carlsons Überlegungen sind tatsächlich eine allgemeine
Widerlegung des obigen Gesetzes.

und ist es *nicht möglich*, dass ich mich jetzt zu einem Spaziergang entschließe; es ist notwendig, dass ich hier sitze.

Verbessertes *Consequence Argument*

(1) $N (V \wedge G)$
(2) $\square \{ (V \wedge G) \rightarrow H \}$
(3) Folglich: $N (H)$

Dieses Argument ist vermutlich logisch gültig. Wenn jemand die Konklusion, dass wir niemals eine Wahl über unsere Handlungen haben (dass es keine Willensfreiheit gibt), nicht mag, dann sollte er also sagen, welche der Prämissen seiner Ansicht nach falsch ist und weshalb. Ich denke, dass er keinen Erfolg haben wird.

David Lewis lehnt die Prämisse (1) des Arguments ab, und zwar in „Are we Free to Break the Laws?" (1981). Er glaubt, dass wir in einem bestimmten Sinne die Naturgesetze ändern könnten, sodass andere Handlungen ausgeführt werden könnten! Ich hätte also gewissermaßen die Naturgesetze so verändern können, dass die dann gültigen Naturgesetze zu meinem Spaziergang geführt hätten, anstatt dass ich am Schreibtisch sitze. Natürlich sagt Lewis das nicht wörtlich. Er schreibt nicht, dass wir eine Veränderung der Naturgesetze *verursachen* könnten. Aber wir können seiner Ansicht nach etwas tun, sodass, wenn wir es täten, andere Naturgesetze gelten würden. Als Beispiel nennt er die Handlung, seine eigene Hand zu heben: Er hebt die Hand nicht, aber, so seine These, er konnte es tun (er hätte es tun können).

„Hätte ich meine Hand gehoben, so wäre im Voraus ein Gesetz gebrochen worden. Der Verlauf der Ereignisse wäre von dem tatsächlichen Verlauf der Ereignisse abgewichen, kurz bevor ich meine Hand hob, und zum Zeitpunkt des Abweichens hätte es ein gesetzesbrechendes Ereignis (*law-breaking event*) gegeben – ein Abweichungswunder (*divergence miracle*) … Aber dieses Wunder wäre nicht davon verursacht worden, dass ich meine Hand hebe. Wenn überhaupt, dann wäre die Verursachung umgekehrt gewesen." (125; meine Übersetzung)

Ich würde diese Position mysteriös nennen. Sie besagt, dass bestimmte Wunder möglich seien, und zwar Ereignisse, die unseren Naturgesetzen widersprechen, sodass, wenn diese Ereignisse stattfinden, andere Dinge geschehen als diejenigen, die gemäß den wirklichen Naturgesetzen geschehen. Willensfreiheit soll möglich sein, weil solche Wunder möglich seien. Allerdings erscheint es nicht plausibel, dass irgendjemand durch Wunder eine Wahl über seine Handlungen haben könne. Es erscheint nicht plausibel, dass wir auf irgendeine Weise die wirklichen Naturgesetze umgehen könnten. Ohne Not sollte diese Erfindung von Lewis jedenfalls nicht für bare Münze genommen werden.

Es gibt es einen anderen Einwand gegen das verbesserte *Consequence Argument*: Jemand könnte behaupten, dass die Prämisse (2), die These des Determinismus, falsch sei. Denn gemäß den Standardinterpretationen der gegenwärtigen Physik legen die Naturgesetze keine bestimmte Zukunft fest. Sie machen bestimmte zukünftige Zustände nur *wahrscheinlicher*. Diese Position ist ‚Indeterminismus' genannt worden. Nehmen wir an, dass der Einwand berechtigt und der Indeterminismus wahr ist (das ist ja in der Tat plausibel). Dann ist die Prämisse (2) des verbesserten *Consequence Argument* falsch, sodass das Argument scheitert. Aber was passiert dann? Es bleibt wahr, dass es in unserer Welt Naturgesetze gibt – vermutlich diejenigen Gesetze, die von der Quantenphysik postuliert werden. Dass diese Gesetze nicht deterministisch sind, liegt daran, dass das Verhalten von Materie auf dem Quantenlevel (auf atomarer und subatomarer Ebene) unvorhersehbar ist; es gibt einen Anteil bloßen *Zufalls*. Es ist behauptet worden, dass die Existenz dieses bloßen Zufalls mathematisch gezeigt werden kann. So weit, so gut. Aber wie soll das die Willensfreiheit retten? Es bleibt wahr, dass es Naturgesetze gibt und dass wir keine Wahl über sie haben; es bleibt wahr, dass wir die Vergangenheit nicht ändern können; und nun wissen wir, dass es auch zufällige quantenmechanische Ereignisse gibt. Aber haben wir über *diese* eine Wahl? Nein, vermutlich haben wir auch über diese Ereignisse keine Wahl! Sie sind zufällig, nicht von unserem Bewusstsein verursacht.

Vielleicht ist es möglich, diese Überlegungen zu formalisieren.[49] Das *Consequence Argument* beruhte auf der Idee, dass ein vergangener Zustand des Universums zusammen mit den

---

[49] Das Argument gegen die Willensfreiheit, das ich hier entwickle, ist neu, so viel ich weiß. Es ist wesentlich verschieden von einem schon existierenden Argument für die Unvereinbarkeit von Willensfreiheit und Indeterminismus: dem *Mind Argument*. Das *Mind Argument* ist vermutlich nicht überzeugend. Siehe den Aufsatz von Graham.

Naturgesetzen unsere Handlungen determiniere. Nun erscheint das nicht mehr korrekt. Heute nehmen wir an, dass die Vergangenheit und die Naturgesetze zusammen nicht hinreichen, um die Zukunft zu determinieren; denn selbst wenn sie gegeben sind, gibt es noch verschiedene mögliche Handlungen, weil verschiedene quantenmechanische Ereignisse eintreten können. Wenn jemand unsere zukünftigen Handlungen vorhersagen wollte – was natürlich nicht möglich ist –, dann reichte es nicht aus, den Zustand des Universums zu einem bestimmten Zeitpunkt in der Vergangenheit und die Naturgesetze zu kennen; er müsste auch wissen, was die Ergebnisse aller relevanten zufälligen quantenmechanischen Ereignisse sein werden (zum Beispiel welches Atom den Spin 0,5 und welches den Spin 1,0 haben wird). *Wenn* er auch diese quantenmechanischen Ergebnisse wissen könnte, dann könnte er die Zukunft vorhersagen.

Daher bietet sich die folgende Strategie an. Wir fügen die Ergebnisse aller relevanten zufälligen quantenmechanischen Ereignisse (sagen wir, Q) zu unserer Liste hinzu. Der vergangene Zustand V des Universums zu einer Zeit $t1$ zusammen mit den Naturgesetzen G zusammen mit den Ergebnissen aller quantenmechanischen Ereignisse zwischen $t1$ und der Zeit, zu der H ausgeführt wird, determinieren die Handlung. Das gilt für alle Handlungen. (siehe unten Prämisse 2) Und wir haben keine Wahl über diese Faktoren. (Prämisse 1)

Consequence Argument für den Indeterminismus

(1) $N(V \wedge G \wedge Q)$

(2) $\square \{(V \wedge G \wedge Q) \rightarrow H\}$

(3) Folglich: $N(H)$

Das ist eine Präsentation der einfachen Idee, dass der Indeterminismus in unserer Welt keinen Grund liefert, zu glauben, dass es die Willensfreiheit gebe. Wenn es in einer deterministischen Welt keinen freien Willen gibt – was von dem verbesserten *Consequence Argument* gezeigt worden ist –, dann gibt es auch in unserer Welt keinen freien Willen, denn der einzige Unterschied zwischen einer deterministischen Welt und unserer Welt sind zufällige Ereignisse, die eben zufällig sind, also nicht etwas, worüber wir eine Wahl haben könnten.

Aber offensichtlich hängt all das von der Definition von ,Willensfreiheit' ab, die wir oben gegeben hatten. Wir sagten, einen freien Willen zu haben, bedeute, eine Wahl über seine eigenen Handlungen zu haben. Ich halte diese Definition für die am weitesten verbreitete. Aber sie hat einen Nachteil: Wenn wir die Willensfreiheit als Wahlfreiheit definieren, dann hängt die Willensfreiheit nicht direkt mit der Ethik zusammen. Einige Menschen meinen jedoch, dass die Willensfreiheit direkt mit der Ethik zusammenhängen *sollte*, und dann muss unsere Definition aufgegeben werden. Der Punkt ist, dass es gemäß unserer Definition, die den freien Willen mit Wahlfreiheit identifiziert, möglich ist, moralisch verantwortlich zu sein, ohne frei gehandelt zu haben. Das widerspricht dem allgemeinen Verstand. Einige von uns wollen sagen, dass wenn eine Handlung nicht frei ausgeführt wurde, dann der Handelnde auch nicht verantwortlich sei für diese Handlung (es war dann ja nicht seine freie Entscheidung!). Aber wenn Sie solch eine enge Verbindung zwischen Willensfreiheit und moralischer Verantwortung möchten, dann benötigen Sie eine andere Definition von Willensfreiheit, nicht diejenige, die den freien Willen als Wahlfreiheit versteht.

Wie ist es möglich, keine Wahl über seine Handlung zu haben und dennoch moralisch verantwortlich zu sein für diese Handlung? Harry G. Frankfurt zeigte das in seinem Aufsatz von (1969). Anstatt sein bekanntes, aber eher unrealistisches Beispiel zu wiederholen (vgl. besonders 835 ff.), gebe ich dieses Beispiel: Angenommen, niemand hat eine Wahl über irgendeine seiner Handlungen, so wie ich es ja in den vorigen Absätzen vertreten habe. Gemäß unserer Definition von ‚Willensfreiheit' sei also niemand frei. Anscheinend gibt es dennoch einige Unterschiede hinsichtlich der moralischen Verantwortung, die wir für unsere Handlungen haben. Vergleichen Sie Tommy und mich, die beide dieselbe Art von Handlung ausführen. Wir beide küssen eine Dame, die nicht identisch mit seiner oder meiner Ehefrau ist. Ich küsse sie einfach, weil ich es so möchte. (Natürlich habe ich keine Wahl darüber, denn ich habe keine Wahl über irgendetwas. Aber es ist dennoch wahr, dass ich es tun *möchte*. Dies ist mein Wunsch, ein Wunsch, über den ich keine Wahl habe.) Tommy dagegen küsst die Dame nur deshalb, weil er von anderen dazu getrieben wird. Er ist ein Schauspieler und muss sie vor der Kamera küssen; der Regisseur wies ihn plötzlich dazu an, und Tommy hätte den Job verloren, wenn er sich geweigert hätte. Er möchte es nicht tun. Er wünschte, er könnte dem ganzen Dilemma entkommen.

Nun ist es vernünftig, zu sagen, dass ich moralisch verantwortlich für die Handlung des Küssens bin, während Tommy es nicht ist. Oder zumindest gibt es einen Unterschied hinsichtlich des Ausmaßes unserer moralischen Verantwortung. Und das ist der Fall, obwohl wir beide keine Wahl über die Handlung haben, denn niemand hat eine Wahl über irgendetwas![50]

Man kann der Ansicht sein, dass eine Definition der Willensfreiheit diesen Unterschied irgendwie greifen sollte; dass eine Definition zu dem Ergebnis führen müsse, dass mein Kuss frei ist und Tommys nicht. Denn ich bin moralisch verantwortlich, und er ist es nicht. Dann benötigen wir eine andere Definition der Willensfreiheit – eine, die nicht Wahlmöglichkeiten verlangt, eine Bedingung, die ohnehin niemand erfüllt. Wir könnten diese Definition geben, die tatsächlich vorgeschlagen worden ist:[51]

---

[50] Sie können ernstere Beispiele finden. Vergleichen Sie zum Beispiel zwei Leute, die in ihrem Job etwas moralisch Problematisches tun, aber während der eine es deshalb tut, weil er es einfach tun möchte, steht der andere unter einem großen Druck, weil er andernfalls den Job verlöre und seine Familie gefährdete. Sie meinen vielleicht, dass beide moralisch verantwortlich seien – aber sicherlich nicht in demselben Ausmaß.

[51] von Gerhard Roth in einer Präsentation in Tübingen. Leider erinnere ich mich nicht mehr an seine genauen Worte.

Willensfreiheit =df. die Fähigkeit eines Subjektes, eine Handlung auszuführen, die dieses Subjekt ausführen *möchte* (will).

Gemäß dieser Definition haben viele oder alle von uns einen freien Willen, in vielen Situationen. Meine Handlung, hier zu sitzen, ist ein Beispiel für Willensfreiheit, denn ich möchte hier sitzen und tue das einfach. Der Trinker, der eine Flasche Bier öffnet, ist nicht so frei; aber wenn manche von uns auf der Party ein Bier öffnen, dann geschieht dies aus freiem Willen. Tommy war nicht frei, als er die Dame küsste, denn er stand praktisch unter äußerem Zwang; aber ich war frei, als ich sie küsste. Die neue Definition der Willensfreiheit macht es möglich, Willensfreiheit an vielen Orten zu finden. Die vorige Definition hatte keinerlei freien Willen unter Menschen zugelassen. Das zeigt, wie viel hier von Ihrer Definition abhängt. (Und beide Definitionen sind akzeptabel.)

7.3 Die Existenz Gottes

Das Verhältnis zwischen der Philosophie und Gott ist problematisch. In Kapitel 2 sagte ich schon, dass in der Philosophie normalerweise nur Argumente zählen. Die Existenz Gottes, und vielleicht auch die Nicht-Existenz Gottes, scheinen nicht Phänomene zu sein, für die man Argumente finden könnte. Warum sollte ein philosophisches Buch sich also mit diesen Themen beschäftigen? Das liegt daran, dass einige Leute tatsächlich glaubten, sie könnten Gottes Existenz oder Nicht-Existenz durch Argumente beweisen. Und hierzu sollten wir Stellung beziehen. Eine Person, die dachte, sie könne hinreichend für die Existenz Gottes argumentieren, war Anselm von Canterbury (2010): „Du existierst so wahrhaft, oh Herrgott, dass man nicht denken kann, Du existierest nicht." (170; meine Übersetzung) Eine Person, die dachte, sie könne hinreichend gegen die Existenz Gottes argumentieren, ist David Lewis (z. B. 2007). Aber ich denke nicht, dass wir wissen, dass Gott existiert; die berühmten Argumente für seine Existenz sind nicht überzeugend. Wissen wir, dass er *nicht* existiert? Ob ein Argument gegen Gottes Existenz Erfolg hat, hängt von der Definition von ‚Gott' ab.

Beginnen wir mit Argumenten für die Existenz Gottes. Bevor ich eines davon etwas genauer diskutiere, sollte ich zwei andere Argumente für seine Existenz erwähnen, die entwickelt worden sind. Eines ist das Kosmologische Argument (der ‚kosmologische Gottesbeweis'), das ungefähr diese Struktur hat:

| (1) | Alles, was existiert, hat eine Ursache außerhalb seiner selbst.[52] | p |
| (2) | Wenn alles, was existiert, eine Ursache außerhalb seiner selbst hat, dann gibt es eine erste Ursache. | $p \rightarrow q$ |

---

[52] Damit ist gemeint, dass nichts auf der Welt unverursacht sei und dass außerdem nichts von sich selbst verursacht worden sei. Es sollte noch angemerkt werden, dass der Ausdruck ‚alles, was existiert' sich nicht auf Gott selbst bezieht. Sonst würde die Prämisse (1) behaupten, dass selbst Gott von etwas anderem verursacht worden sei, und das ist nicht die Idee.

(3)	Folglich gibt es eine erste Ursache. (1, 2, *modus ponens*)	q

Die Idee ist, dass die Reihe oder Kette der Verursachung nicht unendlich weit zurückreichen könne. An einem Punkt müsse es etwas gegeben haben, das die Kette startete. Aber es ist nicht klar, weshalb diese Idee, die sich in der Prämisse (2) ausdrückt, akzeptiert werden sollte. Warum sollte die Kette nicht unendlich weit in die Vergangenheit reichen? Oder es mag eine zirkuläre Struktur sein: *A* verursacht *B*, *B* verursacht *C*, *C* verursacht *A* ...

Vielleicht halten Sie das für unplausibel und akzeptieren stattdessen das Kosmologische Argument. Aber dann ist zu beachten, dass das Argument nicht genügt, um die Existenz Gottes zu zeigen. Die Konklusion des Arguments ist, dass eine erste Ursache existiert (genauer gesagt könnte es auch sein, dass eine solche erste Ursache nur existiert *hat*). Diese erste Ursache könnte ein physikalisches Ereignis sein, der Urknall zum Beispiel. Warum sollte es Gott sein? Das bleibt offen, und das Kosmologische Argument sollte daher nicht als ein Argument für die Existenz Gottes angesehen werden – eine Feststellung, die auch von Peter van Inwagen gemacht hat in (1993: S. 210, Fußnote 2).

Ein anderes Argument für die Existenz Gottes ist das Teleologische Argument (der ‚teleologische Gottesbeweis'). Seine verschiedenen Versionen könnten vielleicht so zusammengefasst werden:

(1)	Einige Dinge in der Natur sind für bestimmte Zwecke entworfen (*designed*) worden.	p
(2)	Wenn einige Dinge in der Natur für bestimmte Zwecke entworfen worden sind, dann gibt es einen intelligenten Designer, der diese Dinge geschaffen hat, und dieser ist Gott.	$p \rightarrow q$
(3)	Folglich gibt es einen intelligenten Designer, der diese Dinge geschaffen hat, und dieser ist Gott. (1, 2, *modus ponens*)	q

Ein solches Argument kann detaillierter in Paley (2010) gefunden werden. Der Punkt ist, dass zum Beispiel das menschliche Auge einen bestimmten Zweck zu haben scheint: Es soll uns das Sehen ermöglichen. Das Auge ist anscheinend für das Sehen gemacht, entworfen worden. Das kann zu der Behauptung in der Prämisse (1) generalisiert werden. Und wenn das Auge für einen Zweck entworfen worden ist, dann muss es jemanden geben, der es entworfen hat. Und dies sei Gott, wie die Prämisse (2) sagt.

Aber ich nehme an, dass die Evolutionstheorie überzeugendere Erklärungen gibt. Einige Dinge sehen so aus, *als ob* sie entworfen worden wären. Wenn man die Aussage, dass einige Dinge in der Natur (wie unser Auge) für bestimmte Zwecke entworfen worden seien, überhaupt akzeptieren will – als eine metaphorische Redeweise –, dann sollte man dies so verstehen, dass die Prozesse in der Evolution der Designer sind. Es ist kein Grund ersichtlich, weshalb hier ein Gott postuliert werden sollte. Spätestens die Prämisse (2) kann demnach so nicht stehen bleiben. (Natürlich kann es dennoch Gründe geben, an die Existenz Gottes zu glauben. Aber die Existenz Gottes kann nicht daraus abgeleitet werden, dass einige Dinge so aussehen, als wären sie auf einen Zweck hin ausgerichtet.)

Das interessanteste Argument für die Existenz Gottes ist, wie ich annehme, das Ontologische Argument (der ‚ontologische Gottesbeweis'). Van Inwagen präsentiert es so: (1993)

> „Wenn wir in uns hineinschauen, bemerken wir, dass wir die Vorstellung, das Konzept von einem vollkommenen Wesen besitzen. ... Aber Existenz ist selbst ein notwendiges Element von Vollkommenheit, denn ein Ding ist besser, wenn es existiert, als wenn es nicht existiert. Aber dann muss ein vollkommenes Wesen *existieren*, es wäre andernfalls einfach nicht vollkommen. ... Genauso wie Dreiseitigkeit ein Teil des Konzepts von einem Dreieck ist – der Geist kann sich nichts Dreieckiges vorstellen, ohne sich dabei auch Dreiseitigkeit vorzustellen –, so ist Existenz ein Teil des Konzepts von einem vollkommenen Wesen." (76; meine Übersetzung)

Später ersetzt van Inwagen ‚Existenz' durch die Eigenschaft ‚notwendige Existenz' (vgl. 77 f.), aber diese Details sollten uns im Moment nicht belasten. Die Idee ist diese: Stellen wir uns das best- oder größtmögliche Wesen vor, ein vollkommenes Wesen, wie van Inwagen sagt. (Und das ist identisch mit Gott.) Nun stellen wir uns vor, dass dieses größtmögliche Wesen nicht existiert. Dann wäre es nicht das größtmögliche Wesen, denn nun können wir uns etwas vorstellen, das noch größer ist, nämlich ein größtmögliches Wesen, *das existiert.*

Existenz sei „ein notwendiges Element von Vollkommenheit". Etwas, das nicht existiert, ist niemals das größtmögliche Wesen, denn es ist möglich, dass es ein größtmögliches Wesen gibt, das tatsächlich existiert, und dieses wäre größer als dasjenige, das nicht existiert. Diese Überlegungen können so zusammengefasst werden:[53]

(1)	Ein vollkommenes Wesen (Gott) hat alle Elemente von Vollkommenheit.	$\forall x \{ Vx \rightarrow$ $\forall y (Ey \rightarrow Hxy) \}$
(2)	Notwendige Existenz ist ein Element von Vollkommenheit.	En
(3)	Folglich hat ein vollkommenes Wesen (Gott) notwendige Existenz. (1, 2, Prädikatenlogik)	$\forall x \{ Vx \rightarrow$ $Hxn \}$

Aber wie van Inwagen deutlich macht, liefert das Argument keinen Grund zu glauben, dass ein vollkommenes Wesen existiere! Die Prämisse (1) ist genauer formuliert die Behauptung, dass alles, was ein vollkommenes Wesen (Gott) ist, alle Elemente von Vollkommenheit hat. Oder noch genauer: Für alle x, wenn x ein vollkommenes Wesen (Gott) ist, dann hat

---

[53] Die rechte Spalte richtet sich an diejenigen, die ein Interesse für formale Logik besitzen. Dies ist das Lexikon. $V[\alpha]$: α ist ein vollkommenes Wesen. $E[\alpha]$: α ist ein Element von Vollkommenheit. $H[\alpha, \beta]$: α hat β. n : notwendige Existenz.

x alle notwendigen Elemente von Vollkommenheit. Aber das beantwortet nicht die Frage, ob es irgendein solches x *gibt*. Es ist natürlich klar, dass *wenn* es ein vollkommenes Wesen gibt, dann dieses Wesen alle Elemente von Vollkommenheit besitzt, inklusive notwendige Existenz. Aber das beantwortet nicht die Frage, ob es ein vollkommenes Wesen gibt oder nicht. Es gehört zu dem Konzept von einem größtmöglichen Wesen, dass es existiert; aber die Existenz gehört hier zum Konzept, und es ist weiterhin unklar, ob dieses Konzept realisiert ist.

Was das Ontologische Argument tatsächlich tut, ist dies: Es macht Gebrauch von der Ungenauigkeit unserer Sprache. Wenn wir einen Satz hören wie ‚Ein vollkommenes Wesen (Gott) hat notwendige Existenz‘ (Konklusion 3), dann sind wir versucht zu denken, dass daraus folge, dass es ein vollkommenes Wesen gibt. Aber diese Versuchung führt in die Irre. Die Konklusion sagt nur, dass alles, was ein vollkommenes Wesen (Gott) ist, notwendige Existenz hat. Die Frage, ob der Ausdruck ‚ein vollkommenes Wesen (Gott)‘ sich auf irgendetwas Existierendes bezieht oder nicht, ist eine andere Frage.

Wir können zusammenfassen, dass das Ontologische Argument kein überzeugendes Argument für die Existenz Gottes ist.[54] Es steht anscheinend gar kein überzeugendes Argument für Gottes Existenz zur Verfügung. Und das ist nicht überraschend; wenn es gute Gründe gibt, an Gottes Existenz zu glauben, dann werden diese Gründe nicht die Form

---

[54] Für eine gründlichere Diskussion siehe erneut van Inwagens Kapitel über das Ontologische Argument in (1993).

von Argumenten haben. Religiöse oder theologische Gründe müssen nicht philosophische Gründe sein.

Es ist behauptet worden, die Philosophie könne das Gegenteil zeigen, nämlich dass Gott *nicht* existiere. Beschränken wir uns auf ein bestimmtes Argument gegen die Existenz Gottes, und zwar das *Argument from Evil* (Theodizee-Problem).[55] Dieses Argument startet mit der Feststellung, dass es eine riesige Menge von Schlechtem und Bösem auf der Welt gibt. Wenn es einen Gott gäbe, dann ließe er nicht so viel Schlechtes zu. Denn Gott soll Allgüte und Allmacht besitzen, das heißt er sei moralisch vollkommen und könne alles tun. Wenn er existierte, wäre er also sowohl gewillt als auch fähig, diese Menge an Übel zu verhindern. (Vielleicht würde er eine *gewisse* Menge an Übel zulassen, damit wir gute Momente mehr genießen, als wir sie genössen, wenn es keine schlechten Momente gäbe. Aber er würde niemals so viel Schlechtes zulassen, wie tatsächlich da ist. Viele Menschen leiden sehr und dauerhaft ohne irgendeine Kompensation zu ihrer Lebenszeit. Man denke allein an Auschwitz oder extreme Armut, Krankheit und Gewalt. Ein Gott ließe das nicht zu. Also sollten wir darauf schließen, dass er nicht existiert.)

(1)	Es gibt eine riesige Menge von Schlechtem auf der Welt.	q

---

[55] Ein anderes Argument gegen Gottes Existenz konzentriert sich auf das Konzept der Omnipotenz (Allmacht). Mit diesem Konzept soll es bestimmte Probleme geben, die sich aber lösen lassen, siehe Harry G. Frankfurt (1964).

(2)	Wenn Gott existierte, dann gäbe es nicht eine riesige Menge von Schlechtem auf der Welt.	$p \rightarrow \neg q$
(3)	Folglich ist es nicht der Fall, dass Gott existiert. (1, 2, *modus tollens*)	$\neg p$

Vielleicht ist dieses Argument überzeugend, vielleicht nicht. Peter van Inwagen argumentierte dafür, dass das Argument problematisch sei, er zweifelt die Wahrheit der Prämisse (2) an. Es könne wohl sein, dass Gott existiert und dass er all das Schlechte zulässt, aus komplizierten Gründen. Diese Gründe können so zusammengefasst werden. (vgl. van Inwagen 2006: 85 ff.) Die Übel, die in der Welt geschehen, sind eine Folge des freien Willens, den die Menschen haben. Gott gab uns die Willensfreiheit, weil diese so gut ist, dass ihre Güte das Schlechte überwiegt, das durch den freien Willen geschaffen wird.

Aber warum verursacht die Willensfreiheit so viel Schlechtes? Gemäß einer Geschichte lebten die Menschen ursprünglich in Harmonie mit Gott und ohne freien Willen; sie wurden sozusagen von ihm gelenkt, aber auch von ihm beschützt. Sie hatten übernatürliche Fähigkeiten, die sie vor allem Schlechten bewahrten, sogar vor den Folgen von Erdbeben und anderen Naturkatastrophen. Dann gab Gott ihnen Rationalität und Willensfreiheit, da, wie wir sagten, die Willensfreiheit ein wichtiges Gut ist. Der freie Wille ist eine notwendige Bedingung für Liebe. Als sie einen freien Willen hatten, entschieden die Menschen – aus irgendeinem Grund –, sich von Gott zu trennen. Die freie Entscheidung, von

Gott getrennt zu sein, hatte zur Folge, dass die Menschen zu Opfern ihres freien Willens und des Zufalls wurden (zum Beispiel zu Opfern von Konflikten und Erdbeben).

Es war Gott nicht möglich, den Menschen einen freien Willen zu geben *und* sicherzustellen, dass sie immer nur Gutes entscheiden. Das wäre ja kein wahrhaft freier Wille gewesen, wie van Inwagen meint: (2006)

> „Gott zu bitten, mir eine freie Wahl zwischen x und y zu geben und dafür zu sorgen, dass ich x wähle anstatt y, bedeutet, ihn um das Zustandebringen von etwas in sich Unmöglichem zu bitten." (72; meine Übersetzung)

Seit die Menschen sich von Gott getrennt haben, hat er einen Plan: Er möchte, dass die Menschen ihn lieben, mit ihm kooperieren und wieder mit ihm vereinigt werden. Dieser Plan kann nur dann Erfolg haben, wenn die Menschen eine Menge Schlechtes erleben. Andernfalls verstünden sie nicht, was es bedeutet, von Gott getrennt zu sein, und sie würden nicht kooperieren. Daher lässt Gott viele der Übel zu, die von dem freien Willen verursacht worden sind.

Diese Geschichte kann man realistisch finden oder auch nicht. Das größte Problem dieser „Lösung" des Theodizee-Problems besteht meines Erachtens darin, dass der Ansatz von der Existenz der Willensfreiheit abhängt. Existiert denn der freie Wille – diejenige Art von freiem Willen, die in der Geschichte vorausgesetzt wird? Vielleicht sollten wir keine Entscheidung treffen und die Frage offen lassen, ob Gott existieren kann oder nicht.

Aber es gibt ein weiteres *Argument from Evil*. Dieses Argument konzentriert sich auf die Übel, die angeblich in der Hölle geschehen. Es wurde von David Lewis entwickelt und nach seinem Tod auf der Grundlage seiner Notizen niedergeschrieben (2007). Leute, die in die Hölle kommen, bleiben dort unendlich lang; die Menge an Leid, das sie zu ertragen haben, ist also unendlich groß. Das ist nicht gerecht: Was auch immer sie zu Lebzeiten taten, war *nicht unendlich* schlecht. Alles im Leben ist begrenzt, aber die Hölle nicht. Die Vorstellung von Gott ist also offenbar inkonsistent: Auf der einen Seite soll Gott moralisch vollkommen sein, und auf der anderen Seite soll er eine solche Ungerechtigkeit in der Hölle verantworten. Auf Grund dieser Widersprüchlichkeit müssen wir, so das Argument, zu dem Schluss kommen, dass Gott nicht existiert.

Das Problem dieses Arguments ist, dass es von der Vorstellung einer Hölle und Gottes Allgüte ausgeht. Vielleicht gibt es Gott, jedoch keine Hölle? Wenn Sie einige religiöse Bücher, wie die Bibel und den Koran, wörtlich nehmen, dann denken Sie vielleicht, dass die Existenz Gottes unvermeidlich mit der Existenz einer Hölle verbunden sei. Aber es gibt andere Formen des Theismus, und viele Leute glauben ja nicht wörtlich an religiöse Bücher.

Oder vielleicht existiert die Hölle und Gott ist eben nicht moralisch vollkommen? Dann wäre es nicht mehr überraschend, dass er Leute in die Hölle sendet. Lewis' Argument gegen die Existenz Gottes kann auf solche religiösen Vorstellungen nicht angewandt werden. Vieles oder sogar alles hängt hier von Ihrer Definition von ‚Gott' ab. Und es scheint nicht so zu sein, dass eine Definition klar besser wäre als die anderen.

Fragen, Meinungen und Anregungen gern an
oaa@gmx.de

Literatur

Adler, Mortimer J., 1985: *Ten Philosophical Mistakes*. New York.

Anselm of Canterbury, 2010: „The Classical Ontological Argument." In: Basinger u. a., Hg.: 169-170.

Basinger, David, William Hasker, Michael Peterson und Bruce Reichenbach, Hg., 2010: *Philosophy of Religion*. 4. Auflage, Oxford.

Boethius, 2010: „God Is Timeless." In: Basinger u. a., Hg.: 150-152.

Bohm, David, 1980: *Wholeness and the implicate order*. London.

Capelle, Wilhelm, 1968: *Die Vorsokratiker. Die Fragmente und Quellenberichte*, übersetzt und eingeleitet von Wilhelm Capelle, Stuttgart.

Carlson, Erik, 2002: „In Defence of the Mind Argument." *Philosophia* 29 (1-4): 393-400.

Comesaña, Juan, i. E.: „Evidentialist Reliabilism".

Conee, Earl und Richard Feldman, 2001a: „Evidentialism." In: Hilary Kornblith, Hg.: *Epistemology. Internalism and Externalism*, Oxford 2001: 82-107.

– 2001b: „Internalism Defended." In: Hilary Kornblith, Hg.: *Epistemology. Internalism and Externalism*, Oxford 2001: 231-260.

Deutsch, David, 1996: „Comment on Lockwood." *British Journal for the Philosophy of Science* 47 (1996): 222-8.

Deutsche Bibelgesellschaft, 2002: *Die Bibel*. Übersetzung Martin Luther, Stuttgart.

Diezemann, Gregor, 2006: „Physikalische Chemie II/Quantenmechanik." http://www.uni-mainz.de/FB/Chemie/AG-Theoretische/index-Dateien/Page3893.html

Engesser, Kurt, Dov M. Gabbay und Daniel Lehmann, 2007: *A New Approach To Quantum Logic.* College Publications.

Evers, Dirk und Niels Weidtmann, Hg., 2009: *Wahrnehmung und Identität. Ich, Flow, Lügen, Raum, Kulturelles Gedächtnis,* Berlin.

Finch, Alicia und Ted A. Warfield, 1998: „The Mind Argument and Libertarianism." *Mind* Vol. 107.427: 515-528.

Fodor, Jerry A., 1974: „Special Sciences (Or: The Disunity of Science as a Working Hypothesis)". *Synthese* 28 (1974): 97-115.

Frankfurt, Harry G., 1964: „The Logic of Omnipotence." *Philosophical Review* 73.2 (1964): 262-263.

– 1969: „Alternate Possibilities and Moral Responsibility." *Journal of Philosophy,* 66/23 (1969): 829-39.

Gettier, Edmund, 1963: „Is Justified True Belief Knowledge." *Analysis* 23 (1963): 121-123.

Goldman, Alvin, i. E.: „Toward a Synthesis of Reliabilism and Evidentialism? Or: Evidentialism's Troubles, Reliabilism's Rescue Package."

Graham, Peter, i. E.: „Against the Mind Argument."

Hardegree, Gary, 2010: „Derivations in Identity Logic." http://people.umass.edu/gmhwww/310/pdf/unit4.pdf

Harwood, Sterling, 1993: „Eleven Objections to Utilitarianism." In: Louis Pojman, Hg.: *Moral Philosophy. A Reader,* Indianapolis: 141-154.

Höffe, Otfried, 2008: *Einführung in die utilitaristische Ethik.* 4. Auflage, Tübingen.

Hofmann, Frank, 2008: *Die Metaphysik der Tatsachen*. Paderborn.

Institut für Mathematik Paderborn, 2009: „Zenons Paradoxon von Achill und der Schildkröte." http://math-www.uni-paderborn.de/~mathkit/Inhalte/Reihen/data/manifest0/einstieg.html

Inwagen, Peter van, 1983: *An Essay on Free Will*. Oxford.

– 1993: *Metaphysics*. Boulder/CO.

– 2006: *The Problem of Evil*. Oxford.

Lewis, David, 1981: „Are we Free to Break the Laws?" *Theoria*, 47 (1981): 112-121.

– 2007: „Divine Evil". In: Louise Anthony, Hg.: *Philosophers Without Gods*. Oxford: 231–242.

Kant, Immanuel, 1787/1956: *Kritik der reinen Vernunft*. 2 Ausgaben, Hg. Wilhelm Weischedel, Frankfurt/M.

Kim, Jaegwon, 1989: „The Myth of Non-reductive Materialism." *Proceedings and Addresses of the American Philosophical Association*, Vol. 63, No. 3. (Nov. 1989): 31-47.

Levine, Joseph, 1983: „Materialism and Qualia. The Explanatory Gap." *Pacific Philosophical Quarterly* 64 (1983): 354-361.

Nagel, Thomas, 1979: „Death." In: ders.: *Mortal Questions*. Cambridge: 1-10.

Paley, William, 2010: „The Analogical Teleological Argument." In: Basinger u. a., Hg.: 212-214.

Pappas, George, 2005: „Internalist vs. Externalist Conceptions of Epistemic Justification." Stanford Encyclopedia of Philosophy, http://plato.stanford.edu/entries/justep-intext/

Pike, Nelson, 2010: „Divine Omniscience and Voluntary Action." In: Basinger u. a., Hg.: 144-149.

Popper, Karl R., 1934/1994: *Logik der Forschung*. 10. Auflage, Tübingen.

Ratzinger, Joseph Kardinal, 2005: *Werte in Zeiten des Umbruchs. Die Herausforderungen der Zukunft bestehen*, Freiburg i. Br.

Searle, John R., 1987: *Intentionalität. Eine Abhandlung zur Philosophie des Geistes*, übersetzt von Harvey P. Gavagai, Frankfurt/M.

Singer, Peter, 2002: *One World. The Ethics of Globalization*, 2. Auflage, New Haven.

Sweet, Dennis, 1995: *Heraclitus. Translation and Analysis*, Lanham.

Thomas Aquinas, 2010: „The Classical Cosmological Argument" (Original: „Summa Contra Gentiles"). In: Basinger u. a., Hg.: 184-186.

Tugendhat, Ernst, 1993: *Vorlesungen über Ethik*. Frankfurt/M.

Williamson, Timothy, 2007: *The Philosophy of Philosophy*. Oxford.